推荐教材

人力资源和社会保障部职业技能鉴定中心
全国计算机信息高新技术考试

Occupational Skill Testing Authority of MOHRSS P.R.China
全国计算机信息高新技术考试推荐教材
OSTA BHP
人力资源和社会保障部职业技能鉴定中心
北京希望电子出版社
Beijing Hope Electronic Press

U0861700

会计软件应用（用友软件系列）

用友U8 试题汇编

（中　级）

国家职业技能鉴定专家委员会
计算机专业委员会 编写

北京希望电子出版社
Beijing Hope Electronic Press
www.bhp.com.cn

关注官方微信公众号
享受本书增值服务

内容简介

由人力资源和社会保障部职业技能鉴定中心在全国统一组织实施的全国计算机信息高新技术考试是面向广大社会劳动者举办的计算机职业技能考试，考试采用国际通行的专项职业技能鉴定方式，测定应试者的计算机应用操作能力，以适应社会发展和科技进步的需要。

本书包含全国计算机信息高新技术考试会计软件应用（用友软件系列）用友U8中级试题库的全部试题，经国家职业技能鉴定专家委员会计算机专业委员会审定，考生考试时所做题目从中随机抽取。本书既可供正式考试使用，也可供考生考前练习使用，是参加会计软件应用（用友软件系列）用友U8中级考试的考生必备的资料。另外，本书也可供考评员和培训教师在组织培训时使用，还可供广大读者学习用友会计软件应用知识、自测用友会计软件应用操作技能时使用，也可作为普通高等院校、中等专业学校、技工学校、职业高中及社会培训机构进行用友软件应用技能培训与测评的首选教材。

为方便考生练习，全部的题库素材将在北京希望电子出版社公众号、北京希望电子出版社网站（www.bhp.com.cn）和高新考试教材服务网（www.citt.org.cn）上提供。

需要本书或技术支持的读者，请与北京市海淀区中关村大街22号中科大厦A座10层（邮编：100190）发行部联系，电话：010-82620818（总机），传真：010-62543892，E-mail：bhpjc@bhp.com.cn。体验高新技术考试教材及其网络服务，请访问 www.bhp.com.cn 或 www.citt.org.cn 网站。

图书在版编目（CIP）数据

会计软件应用（用友软件系列）用友U8试题汇编 ：中级 / 国家职业技能鉴定专家委员会计算机专业委员会编写. —北京 ：北京希望电子出版社, 2018.10

ISBN 978-7-83002-359-1

Ⅰ. ①会… Ⅱ. ①国… Ⅲ. ①财务软件－职业培训－习题集 Ⅳ. ①F232-44

中国版本图书馆CIP数据核字(2018)第214910号

出版：北京希望电子出版社
地址：北京市海淀区中关村大街22号
中科大厦A座10层
邮编：100190
网址：www.bhp.com.cn
电话：010-82620818（总机）转发行部
010-82626237（邮购）
传真：010-62543892
经销：各地新华书店

封面：张　洁
编辑：全　卫
校对：石文涛
开本：787mm×1092mm　1/16
印张：15.5
字数：368千字
印刷：北京市密东印刷有限公司
版次：2018年11月1版1次印刷

定价：49.80元

国家职业技能鉴定专家委员会

计算机专业委员会名单

全国计算机信息高新技术考试

会计软件应用（用友软件系列）

用友 U8 中级

命题组成员

王新玲　王贺雯　苏秀花

徐建华　石文涛　全　卫

孙　平　任　琳　刘锦辉

全国计算机信息高新技术考试简介

全国计算机信息高新技术考试是根据原劳动部发〔1996〕19 号《关于开展计算机信息高新技术培训考核工作的通知》文件，由人力资源和社会保障部职业技能鉴定中心统一组织的计算机及信息技术领域新职业国家考试。

全国计算机信息高新技术考试面向各类院校学生和社会劳动者，重点测评考生掌握计算机各类实际应用技能的水平，其考试内容主要是计算机信息应用技术。考试采用了一种新型的、国际通用的专项职业技能鉴定方式，根据计算机信息技术在不同应用领域的特征划分模块和平台，各模块按不同平台、不同等级分别进行考试。考生可根据实际需要选取考试模块，也可根据职业和工作的需要选取若干相应模块进行组合而形成综合能力。

目前共出版了 15 个模块，46 个系列，67 个软件版本。

序号	模块	模 块 名 称	编号	平 台
1	00	初级操作员	001	Windows/Office（初级操作员）
		办公软件应用	002	Windows 平台（MS Office）（中、高级）
			003	Windows 平台（WPS）（中级）
2	01	数据库应用	012	Visual FoxPro 平台（中级）
			013	SQL Server 平台（中级）
			014	Access 平台（中级）
3	02	计算机辅助设计	021	AutoCAD 平台（中、高级）
			022	Protel 平台（中级）
4	03	图形图像处理	032	Photoshop 平台（中、高级）
			034	3D Studio MAX 平台（中、高级）
			035	CorelDRAW 平台（中、高级）
			036	Illustrator 平台（中级）
5	04	专业排版	042	PageMaker 平台（中级）
			043	Word 平台（中级）
6	05	因特网应用	052	Internet Explorer 平台（中级）
			053	ASP 平台（高级）
			054	电子政务（中级）
7	06	计算机中文速记	061	双文速记平台（初、中、高级）
8	07	微型计算机安装调试与维修	071	IBM-PC 兼容机（中级）
9	08	局域网管理	081	Windows NT/2000 平台（中、高级）
			083	信息安全（高级）
10	09	多媒体软件制作	091	Director 平台（中级）
			092	Authorware 平台（中、高级）

续表

序号	模块	模 块 名 称	编号	平　台
11	10	应用程序设计编制	101	Visual Basic 平台（中级）
			102	Visual C++平台（中级）
			103	Delphi 平台（中级）
			104	Visual C#平台（中级）
12	11	会计软件应用	111	用友软件系列（中、高级）
			112	金蝶软件系列（中级）
13	12	网页制作	121	Dreamweaver 平台（中级）
			122	Fireworks 平台（中级）
			123	Flash 平台（中级）
			124	FrontPage 平台（中级）
			125	Adobe/Macromedia 平台（中、高级）
14	13	视频编辑	131	Premiere 平台（中级）
			132	After Effects 平台（中级）
15	19	大数据分析	192	投资分析（初、中、高级）

全国计算机信息高新技术考试密切结合计算机技术迅速发展的实际情况，根据软、硬件发展的特点来设计考试内容、考核标准及方法，尽量采用优秀国产软件，采用标准化考试方法，重在考核计算机软件的操作能力，侧重专门软件的应用，培养具有熟练的计算机相关软件操作能力的劳动者。在考试管理上，采用随培随考的方法，不搞全国统一时间的考试，以适应考生需要；向社会公开考题和答案，不搞猜题战术，以求公平并提高学习效率。

人力资源和社会保障部职业技能鉴定中心根据“统一标准、统一命题、统一考务管理、统一考评员资格、统一培训考核机构条件标准、统一颁发证书”的原则进行质量管理。每一个考试模块都制定了相应的鉴定标准、考试大纲并出版了配套的培训教材，各地区进行培训和考试都执行国家统一的鉴定标准和考试大纲，并使用统一教材，以避免“因人而异”的随意性，使证书获得者的水平具有等价性。

全国计算机信息高新技术考试面对广大计算机技术应用者，致力于普及和推广计算机应用技术，提高应用人员的操作技术水平和高新技术装备的使用效率，为高新技术应用人员提供一个应用能力与水平的标准证明，以促进就业和人才流动。

详情请访问全国计算机信息高新技术考试教材服务网（www.citt.org.cn），或是拨打咨询电话（010-82626210、010-82620818）进行咨询。

出 版 说 明

全国计算机信息高新技术考试是根据原劳动部发〔1996〕19 号《关于开展计算机信息高新技术培训考核工作的通知》文件，由人力资源和社会保障部职业技能鉴定中心统一组织的计算机及信息技术领域新职业国家考试。

根据职业技能鉴定要求和劳动力市场化管理的需要，职业技能鉴定必须做到操作直观、项目明确、能力确定、水平相当且可操作性强。因此，全国计算机信息高新技术考试采用了一种新型的、国际通用的专项职业技能鉴定方式，根据计算机信息技术在不同应用领域的特征划分模块和平台，各模块按不同平台、不同等级分别进行考试。考生可根据自己工作岗位的需要，选择考试模块和参加培训。

全国计算机信息高新技术考试特别强调规范性，人力资源和社会保障部职业技能鉴定中心根据"统一标准、统一命题、统一考务管理、统一考评员资格、统一培训考核机构条件标准、统一颁发证书"的原则进行质量管理。每一个考试模块都制定了相应的鉴定标准、考试大纲并出版了配套的培训教材，各地区进行培训和考试都执行国家统一的鉴定标准和考试大纲，并使用统一教材，以避免"因人而异"的随意性，使证书获得者的水平具有等价性。

本书包含全国计算机信息高新技术考试会计软件应用（用友软件系列）用友 U8 中级考试的全部试题。书中试题根据会计软件应用（用友软件系列）培训和考核标准及中级考试大纲编写，经国家职业技能鉴定专家委员会计算机专业委员会审定。全书分为 8 个单元，共计 160 道试题。

本书既可供正式考试时使用，也可供考生考前练习之用，是参加会计软件应用（用友软件系列）用友 U8 中级考试的考生人手一册的必备技术资料。同时，本书可供高新技术考试的考评员和培训教师在组织培训、操作练习等方面使用，也可作为普通高等院校、中等专业学校、技工学校、职业高中及社会培训机构进行用友软件应用技能培训与测评的首选教材。

参与本书编写工作的有王新玲、苏秀花、房琳琳、王贺雯、张冰冰、王腾、吕志明、宋郁、彭飞、王晨等。衷心感谢孙平、任琳、刘锦辉三位老师对本试题汇编的试题审定工作所付出的辛勤努力。

本书的不足之处敬请批评指正。

考 试 说 明

为了避免考生在考试中因非技能因素影响考试成绩，特将考试时需要注意的问题说明如下，请考生在考试前仔细阅读本考试说明，正式考试时按照本考试说明正确建立考生文件夹并调用题库素材文件和保存考试结果文件。

一、考生文件夹

在“资源管理器”中C盘根目录下新建一个文件夹，文件夹的名称为考生准考证后7位数字。例如：考生的准考证号为0241078610024000532，则考生文件夹名为4000532，如下图所示。

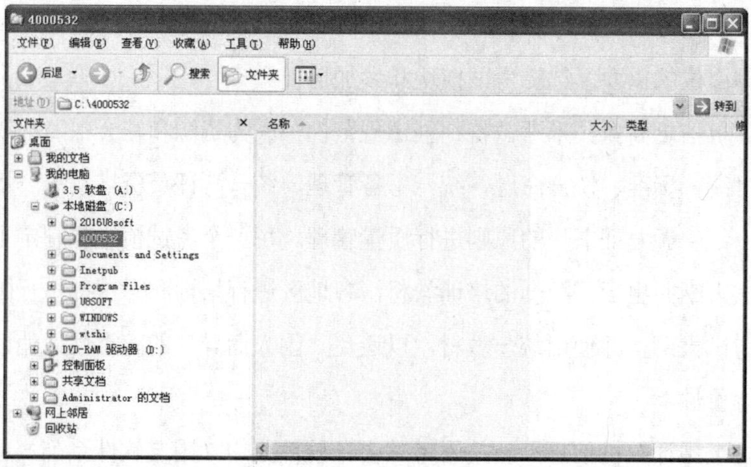

二、题库文件夹

考试所需素材在C:\2016U8soft文件夹下各单元的文件夹中，例如：第2单元的素材路径为：C:\2016U8soft\Unit2，第3单元的素材路径为：C:\2016U8soft\Unit3，依此类推……如下图所示。

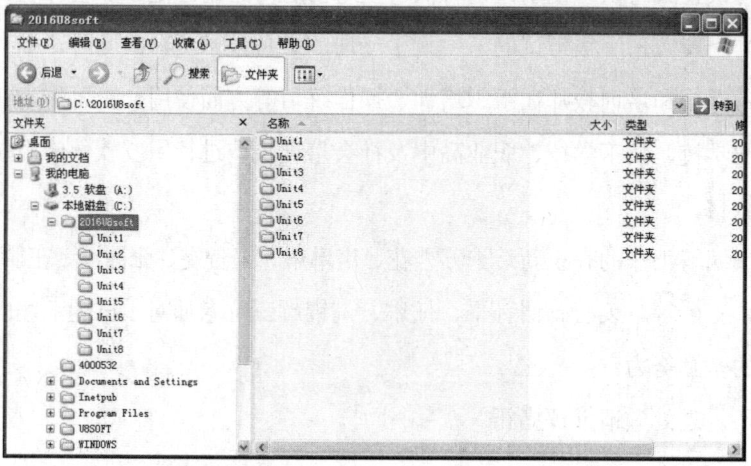

目　录

第 1 单元　系统管理

1.1　第 1 题

【操作要求】

在考生文件夹下新建一个文件夹，命名为 X1_01。

1．登录系统管理

以系统管理员 admin（密码为空）的身份登录用友 U8 系统管理，如图 1-1 所示。

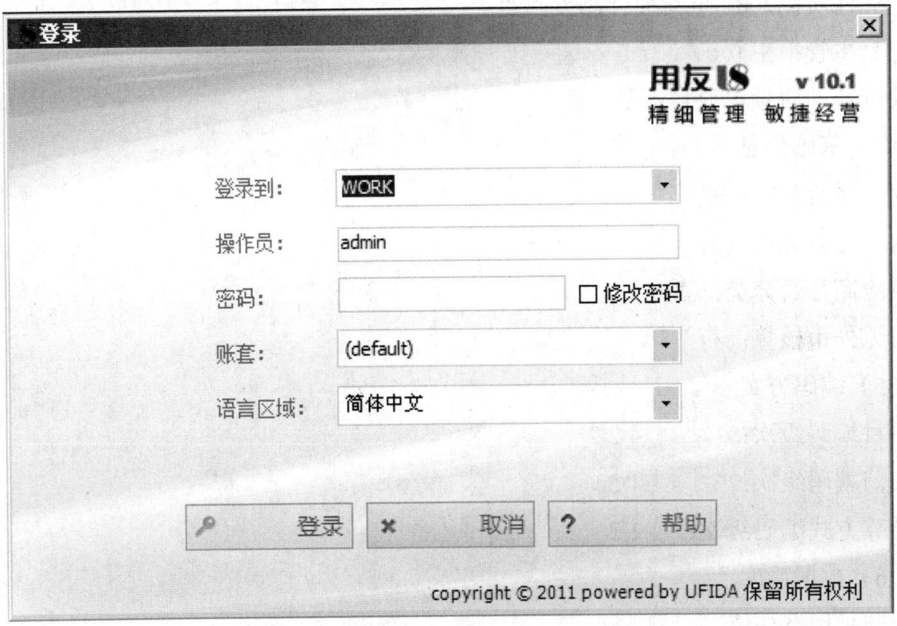

图 1-1　以系统管理员身份登录系统管理

2．增加用户

增加以下用户。

编号	姓名	口令	所属角色
1011	王欣东	011	账套主管
1012	张华	012	无

3．建立账套

新建空白账套，账套主要信息如下，其他采用系统默认设置。

（1）账套信息

账套号：101

账套名称：ufida101

启用会计期：2017 年 1 月

（2）单位信息

单位名称：通达机械设备公司

单位简称：通达

（3）核算类型

本币代码：RMB

本币名称：人民币

企业类型：工业

行业性质：2007 年新会计制度科目

账套主管：王欣东

按行业性质预置科目：是

（4）基础信息

存货是否分类：是

客户是否分类：是

供应商是否分类：否

有无外币核算：有

（5）编码方案

科目编码级次：　　　　4 2 2

部门编码级次：　　　　1 2

结算方式编码级次：　　1 2

（6）数据精度

全部采用默认值。

（7）系统启用

启用总账系统，启用日期为“2017-01-01”。

4．设置用户权限

设置用户张华拥有 101 账套“公用目录设置”和“总账”的操作权限。

5．输出账套

将 101 账套输出至“考生文件夹\X1_01”文件夹中。

1.2　第 2 题

【操作要求】

在考生文件夹下新建一个文件夹，命名为 X1_02。

1．登录系统管理

以系统管理员 admin（密码为空）的身份登录用友 U8 系统管理。

2．增加用户

增加以下用户，如图 1-2 所示。

编号	姓名	口令	所属角色
1021	王静	021	普通员工
1022	张悦华	022	普通员工

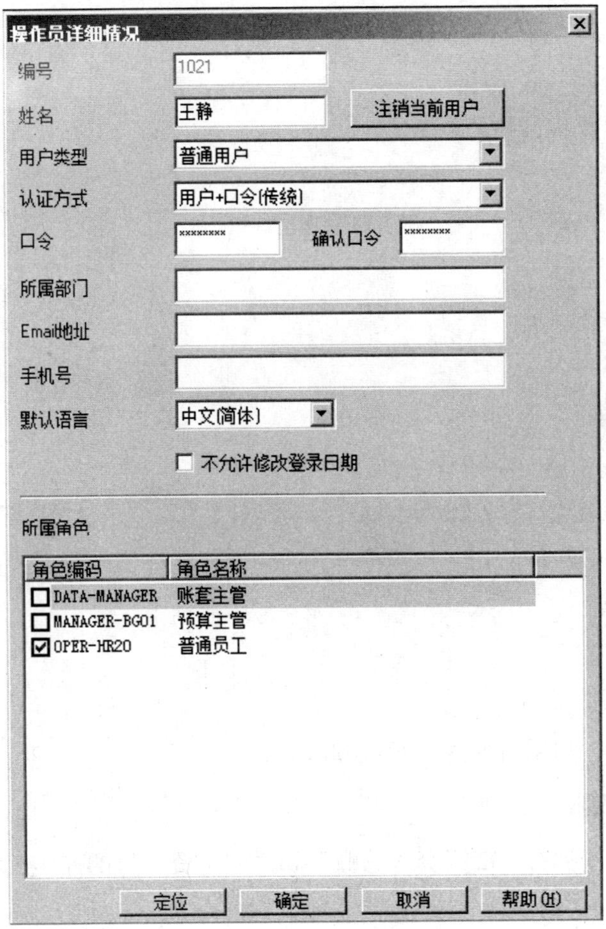

图 1-2　增加用户

3．建立账套

新建空白账套，账套主要信息如下，其他采用系统默认设置。

（1）账套信息

账套号：102

账套名称：ufida102

启用会计期：2017 年 8 月

（2）单位信息

单位名称：唐山塑立线缆厂

单位简称：塑立线缆

（3）核算类型

本币代码：RMB

本币名称：人民币

企业类型：工业

行业性质：2007 年新会计制度科目

账套主管：王静

按行业性质预置科目：是

（4）基础信息

存货是否分类：是

客户是否分类：是

供应商是否分类：是

有无外币核算：有

（5）编码方案

科目编码级次：　　　4 2 2

存货分类编码级次：　2 2 3

结算方式编码级次：　1 2

（6）数据精度

全部采用默认值。

（7）系统启用

启用总账系统，启用日期为“2017-08-01”。

4．设置用户权限

设置用户张悦华拥有 102 账套“总账”和“固定资产”的操作权限。

5．输出账套

将 102 账套输出至“考生文件夹\X1_02”文件夹中。

1.3　第 3 题

【操作要求】

在考生文件夹下新建一个文件夹，命名为 X1_03。

1．登录系统管理

以系统管理员 admin（密码为空）的身份登录用友 U8 系统管理。

2．增加用户

增加以下用户，如图 1-3 所示。

编号	姓名	口令	所属角色
1031	王琪	031	账套主管
1032	刘乐	032	无

图 1-3　增加用户

3．建立账套

新建空白账套，账套主要信息如下，其他采用系统默认设置。

（1）账套信息

账套号：103

账套名称：ufida103

启用会计期：2017 年 1 月

（2）单位信息

单位名称：河北京科药业有限公司

单位简称：京科药业

（3）核算类型

本币代码：RMB

本币名称：人民币

企业类型：工业

行业性质：2007 年新会计制度科目

账套主管：王琪

按行业性质预置科目：是

（4）基础信息

存货是否分类：是

客户是否分类：是

供应商是否分类：否

有无外币核算：有

（5）编码方案

科目编码级次：　　4 2 2

客户分类编码级次：　2 2 3

结算方式编码级次：　1 2

（6）数据精度

全部采用默认值。

（7）系统启用

启用“总账”系统，启用日期为“2017-01-01”。

4．设置用户权限

设置用户刘乐拥有 103 账套“公用目录设置”和“总账”的操作权限。

5．输出账套

将 103 账套输出至“考生文件夹\X1_03”文件夹中。

1.4　第 4 题

【操作要求】

在考生文件夹下新建一个文件夹，命名为 X1_04。

1．登录系统管理

以系统管理员 admin（密码为空）的身份登录用友 U8 系统管理。

2．增加用户

增加以下用户。

编号	姓名	口令	所属角色
1041	阎飞	041	账套主管
1042	靳军	042	普通员工

3．建立账套

新建空白账套，账套主要信息如下，其他采用系统默认设置。

（1）账套信息

账套号：104

账套名称：ufida104

启用会计期：2017 年 11 月

如图 1-4 所示。

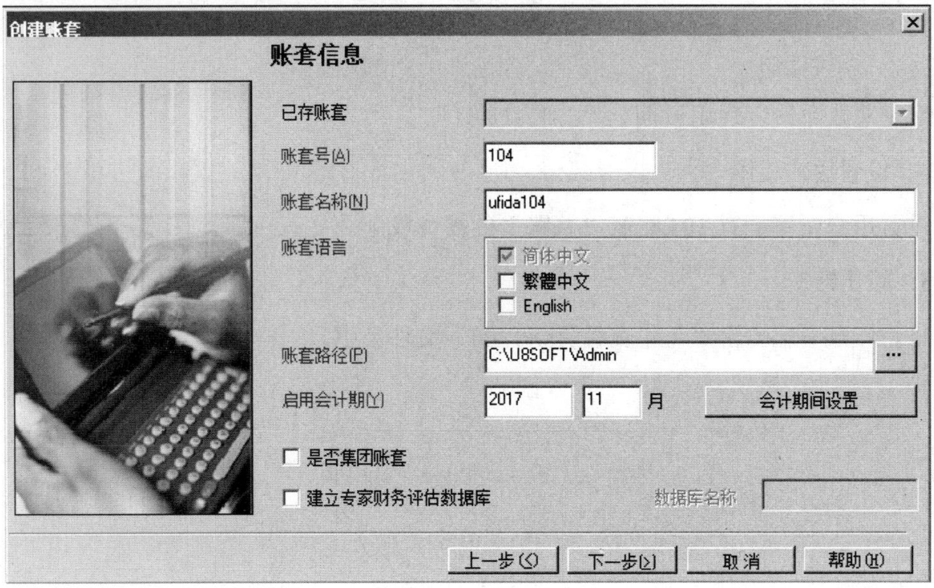

图 1-4　账套信息

（2）单位信息

单位名称：莆田市鼎一贸易有限公司

单位简称：鼎一贸易

（3）核算类型

本币代码：RMB

本币名称：人民币

企业类型：商业

行业性质：2007 年新会计制度科目

账套主管：阎飞

按行业性质预置科目：是

（4）基础信息

存货是否分类：否

客户是否分类：是

供应商是否分类：否

有无外币核算：有

（5）编码方案

科目编码级次：　　4 2 2

部门编码级次：　　1 2

结算方式编码级次：　1 2

（6）数据精度

全部采用默认值。

（7）系统启用

启用总账系统，启用日期为“2017-11-01”。

4．设置用户权限

设置用户靳军拥有 104 账套“总账”的操作权限。

5．输出账套

将 104 账套输出至“考生文件夹\X1_04”文件夹中。

1.5　第 5 题

【操作要求】

在考生文件夹下新建一个文件夹，命名为 X1_05。

1．登录系统管理

以系统管理员 admin（密码为空）的身份登录用友 U8 系统管理。

2．增加用户

增加以下用户。

编号	姓名	口令	所属角色
1051	赵倩	051	普通员工
1052	孙月	052	无

3．建立账套

新建空白账套，账套主要信息如下，其他采用系统默认设置。

（1）账套信息

账套号：105

账套名称：ufida105

启用会计期：2017 年 05 月

（2）单位信息

单位名称：泰州市日高冷机有限公司

单位简称：日高冷机

如图 1-5 所示。

（3）核算类型

本币代码：RMB

本币名称：人民币

企业类型：工业

行业性质：2007 年新会计制度科目

账套主管：赵倩

按行业性质预置科目：是

（4）基础信息

存货是否分类：是

客户是否分类：是

供应商是否分类：是

有无外币核算：有

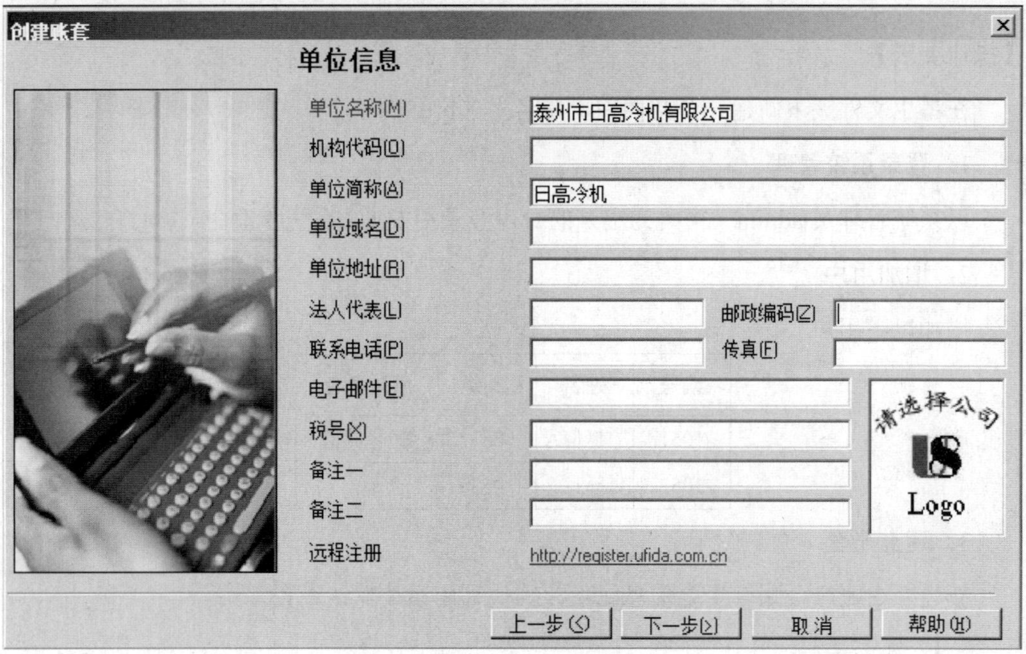

图 1-5 单位信息

（5）编码方案

科目编码级次： 4 2 2

客户编码级次： 1 2

结算方式编码级次： 1 2

（6）数据精度

全部采用默认值。

（7）系统启用

启用“总账”和“固定资产”系统，启用日期为“2017-05-01”。

4．设置用户权限

设置用户孙月拥有 105 账套“总账”的操作权限。

5．输出账套

将 105 账套输出至“考生文件夹\X1_05”文件夹中。

1.6　第 6 题

【操作要求】

在考生文件夹下新建一个文件夹，命名为 X1_06。

1．登录系统管理

以系统管理员 admin（密码为空）的身份登录用友 U8 系统管理。

2．增加用户

增加以下用户。

编号	姓名	口令	所属角色
1061	李洋	061	普通员工
1062	王鹏	062	账套主管

3．建立账套

新建空白账套，账套主要信息如下，其他采用系统默认设置。

（1）账套信息

账套号：106

账套名称：ufida106

启用会计期：2017 年 10 月

（2）单位信息

单位名称：陕西丽彩实业集团有限公司

单位简称：丽彩实业

（3）核算类型

本币代码：RMB

本币名称：人民币

企业类型：工业

行业性质：2007 年新会计制度科目

账套主管：王鹏

按行业性质预置科目：是

如图 1-6 所示。

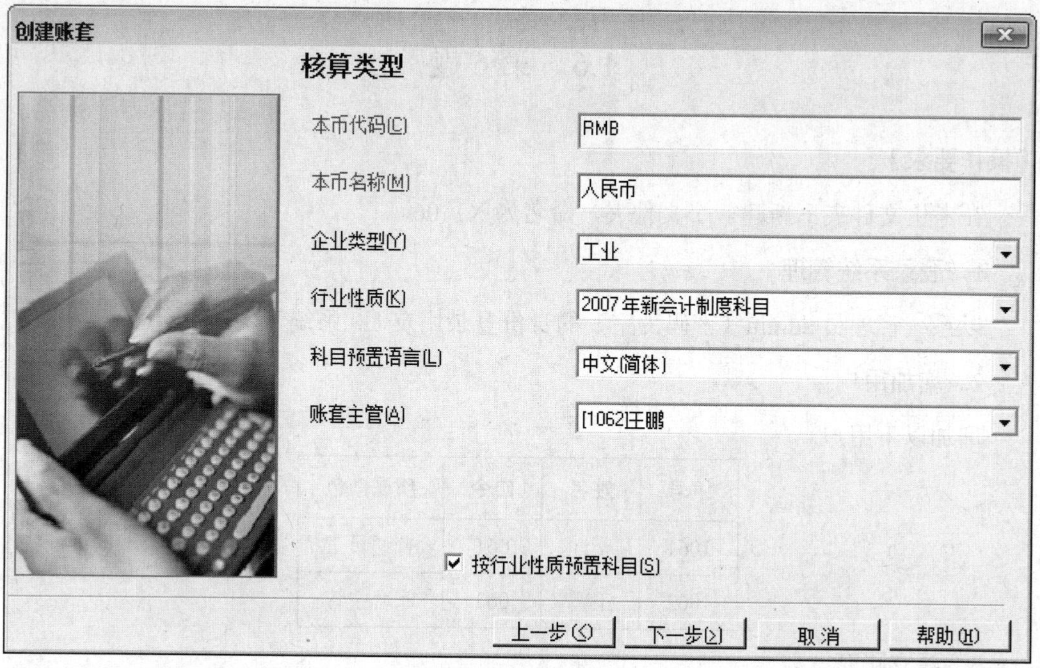

图 1-6 核算类型设置

（4）基础信息

存货是否分类：是

客户是否分类：是

供应商是否分类：否

有无外币核算：有

（5）编码方案

科目编码级次： 4 2 2

部门编码级次： 1 2

结算方式编码级次： 1 2

（6）数据精度

全部采用默认值。

（7）系统启用

启用“总账”系统，启用日期为“2017-10-01”。

4．设置用户权限

设置用户李洋拥有 106 账套“总账”的操作权限。

5．输出账套

将 106 账套输出至“考生文件夹\X1_06”文件夹中。

1.7　第 7 题

【操作要求】

在考生文件夹下新建一个文件夹，命名为 X1_07。

1．**登录系统管理**

以系统管理员 admin（密码为空）的身份登录用友 U8 系统管理。

2．**增加用户**

增加以下用户。

编号	姓名	口令	所属角色
1071	王伟	071	账套主管
1072	赵兵	072	无

3．**建立账套**

新建空白账套，账套主要信息如下，其他采用系统默认设置。

（1）账套信息

账套号：107

账套名称：ufida107

启用会计期：2017 年 8 月

（2）单位信息

单位名称：联安制造有限公司

单位简称：联安制造

（3）核算类型

本币代码：RMB

本币名称：人民币

企业类型：工业

行业性质：2007 年新会计制度科目

账套主管：王伟

按行业性质预置科目：是

（4）基础信息

存货是否分类：是

客户是否分类：是

供应商是否分类：是

有无外币核算：有

如图 1-7 所示。

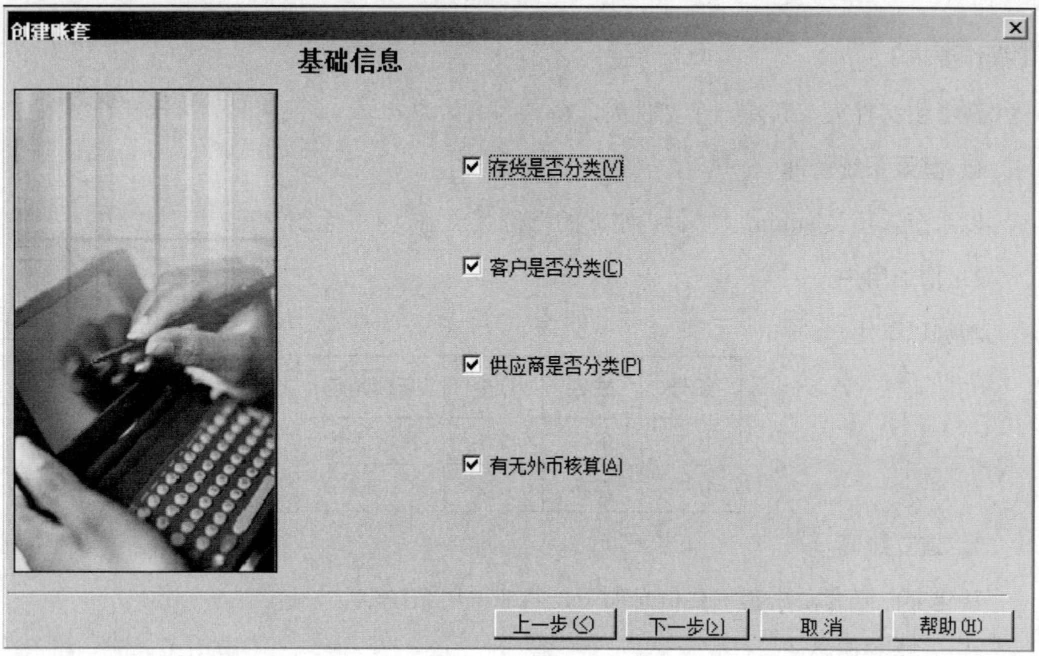

图 1-7　基础信息设置

（5）编码方案

科目编码级次：　　4 2 2

客户分类编码级次：　1 2

结算方式编码级次：　1 2

（6）数据精度

全部采用默认值。

（7）系统启用

启用“总账”系统，启用日期为“2017-08-01”。

4．设置用户权限

设置用户赵兵拥有 107 账套“总账”的操作权限。

5．输出账套

将 107 账套输出至“考生文件夹\X1_07”文件夹中。

1.8　第 8 题

【操作要求】

在考生文件夹下新建一个文件夹，命名为 X1_08。

1．登录系统管理

以系统管理员 admin（密码为空）的身份登录用友 U8 系统管理。

2．增加用户

增加以下用户。

编号	姓名	口令	所属角色
1081	魏珊	081	无
1082	姜爽	082	无

3．建立账套

新建空白账套，账套主要信息如下，其他采用系统默认设置。

（1）账套信息

账套号：108

账套名称：ufida108

启用会计期：2017 年 2 月

（2）单位信息

单位名称：华新生物科技有限公司

单位简称：华新生物

（3）核算类型

本币代码：RMB

本币名称：人民币

企业类型：工业

行业性质：2007 年新会计制度科目

账套主管：魏珊

按行业性质预置科目：是

（4）基础信息

存货是否分类：是

客户是否分类：是

供应商是否分类：是

有无外币核算：有

（5）编码方案

科目编码级次：　　　　4 2 2

部门编码级次：　　　　1 2

结算方式编码级次：　　1 2

如图 1-8 所示。

编码方案

项目	最大级数	最大长度	单级最大长度	第1级	第2级	第3级	第4级	第5级	第6级	第7级	第8级	第9级
科目编码级次	13	40	9	4	2	2						
客户分类编码级次	5	12	9	2	3	4						
供应商分类编码级次	5	12	9	2	3	4						
存货分类编码级次	8	12	9	2	2	2	2	3				
部门编码级次	9	12	9	1	2							
地区分类编码级次	5	12	9	2	3	4						
费用项目分类	5	12	9	1	2							
结算方式编码级次	2	3	3	1	2							
货位编码级次	8	20	9	2	3	4						
收发类别编码级次	3	5	5	1	1	1						
项目设备	8	30	9	2	2							
责任中心分类档案	5	30	9	2	2							
项目要素分类档案	6	30	9	2	2							
客户权限组级次	5	12	9	2	3	4						

确定(O)　取消(C)　帮助(F)

图 1-8　编码方案设置

（6）数据精度

全部采用默认值。

（7）系统启用

启用“总账”系统，启用日期为“2017-02-01”。

4．设置用户权限

设置用户姜爽拥有 108 账套“总账”的操作权限。

5．输出账套

将 108 账套输出至“考生文件夹\X1_08”文件夹中。

1.9　第 9 题

【操作要求】

在考生文件夹下新建一个文件夹，命名为 X1_09。

1．登录系统管理

以系统管理员 admin（密码为空）的身份登录用友 U8 系统管理。

2．增加用户

增加以下用户。

编号	姓名	口令	所属角色
1091	李凡	091	账套主管
1092	张兴	092	无

3．建立账套

新建空白账套，账套主要信息如下，其他采用系统默认设置。

（1）账套信息

账套号：109

账套名称：ufida109

启用会计期：2017 年 7 月

（2）单位信息

单位名称：平守商贸有限公司

单位简称：平守商贸

（3）核算类型

本币代码：RMB

本币名称：人民币

企业类型：商业

行业性质：2007 年新会计制度科目

账套主管：李凡

按行业性质预置科目：是

（4）基础信息

存货是否分类：是

客户是否分类：是

供应商是否分类：是

有无外币核算：有

（5）编码方案

科目编码级次：　　　4 2 2

部门编码级次：　　　1 2

客户分类编码级次：　1 2

结算方式编码级次：　1 2

（6）数据精度

全部采用默认值。

（7）系统启用

启用“总账”和“应收款管理”系统，启用日期为“2017-07-01”。

如图 1-9 所示。

图 1-9　启用系统

4．设置用户权限

设置用户张兴拥有 109 账套“总账”的操作权限。

5．输出账套

将 109 账套输出至“考生文件夹\X1_09”文件夹中。

1.10　第 10 题

【操作要求】

在考生文件夹下新建一个文件夹，命名为 X1_10。

1．登录系统管理

以系统管理员 admin（密码为空）的身份登录用友 U8 系统管理。

2．增加用户

增加以下用户。

编号	姓名	口令	所属角色
1101	李兴	101	无
1102	张凡	102	无

3．建立账套

新建空白账套，账套主要信息如下，其他采用系统默认设置。

（1）账套信息

账套号：110

账套名称：ufida110

启用会计期：2017 年 3 月

（2）单位信息

单位名称：科润集团有限公司

单位简称：科润集团

（3）核算类型

本币代码：RMB

本币名称：人民币

企业类型：工业

行业性质：2007 年新会计制度科目

账套主管：李兴

按行业性质预置科目：是

（4）基础信息

存货是否分类：是

客户是否分类：是

供应商是否分类：是

有无外币核算：有

（5）编码方案

科目编码级次：　　　4 2 2

客户分类编码级次：　1 2

结算方式编码级次：　1 2

（6）数据精度

全部采用默认值。

（7）系统启用

启用“总账”系统，启用日期为“2017-03-01”。

4. 设置用户权限

设置用户张凡拥有 110 账套“总账”的操作权限。

5. 输出账套

将 110 账套输出至“考生文件夹\X1_10”文件夹中。

1.11　第 11 题

【操作要求】

在考生文件夹下新建一个文件夹，命名为 X1_11。

1．登录系统管理

以系统管理员 admin（密码为空）的身份登录用友 U8 系统管理。

2．增加用户

增加以下用户。

编号	姓名	口令	所属角色
1111	周畅	111	无
1112	赵卓	112	无

3．建立账套

新建空白账套，账套主要信息如下，其他采用系统默认设置。

（1）账套信息

账套号：111

账套名称：ufida111

启用会计期：2017 年 4 月

（2）单位信息

单位名称：嘉龙工贸有限公司

单位简称：嘉龙工贸

（3）核算类型

本币代码：RMB

本币名称：人民币

企业类型：工业

行业性质：2007 年新会计制度科目

账套主管：周畅

按行业性质预置科目：是

（4）基础信息

存货是否分类：是

客户是否分类：是

供应商是否分类：是

有无外币核算：有

（5）编码方案

科目编码级次：　　　　4 2 2

部门编码级次：　　　　1 2

结算方式编码级次：　　1 2

（6）数据精度

全部采用默认值。

（7）系统启用

启用“总账”系统，启用日期为“2017-04-01”。

4．设置用户权限

设置用户赵卓拥有 111 账套“总账”的操作权限。

5．输出账套

将 111 账套输出至“考生文件夹\X1_11”文件夹中。

1.12　第 12 题

【操作要求】

在考生文件夹下新建一个文件夹，命名为 X1_12。

1．登录系统管理

以系统管理员 admin（密码为空）的身份登录用友 U8 系统管理。

2．增加用户

增加以下用户。

编号	姓名	口令	所属角色
1121	刘荣	121	账套主管
1122	李涵	122	无

3．建立账套

新建空白账套，账套主要信息如下，其他采用系统默认设置。

（1）账套信息

账套号：112

账套名称：ufida112

启用会计期：2017 年 5 月

（2）单位信息

单位名称：中星电子有限公司

单位简称：中星电子

（3）核算类型

本币代码：RMB

本币名称：人民币

企业类型：工业

行业性质：2007 年新会计制度科目

账套主管：刘荣

按行业性质预置科目：是

（4）基础信息

存货是否分类：是

客户是否分类：是

供应商是否分类：是

有无外币核算：有

（5）编码方案

科目编码级次：　　　4 2 2

部门编码级次：　　　1 2

客户分类编码级次：　1 2

结算方式编码级次：　1 2

（6）数据精度

全部采用默认值。

（7）系统启用

启用“总账”系统，启用日期为“2017-05-01”。

4．设置用户权限

设置用户李涵拥有 112 账套“总账”的操作权限。

5．输出账套

将 112 账套输出至“考生文件夹\X1_12”文件夹中。

1.13　第 13 题

【操作要求】

在考生文件夹下新建一个文件夹，命名为 X1_13。

1．登录系统管理

以系统管理员 admin（密码为空）的身份登录用友 U8 系统管理。

2．增加用户

增加以下用户。

编号	姓名	口令	所属角色
1131	慧娟	131	无
1132	韩青	132	无

3．建立账套

新建空白账套，账套主要信息如下，其他采用系统默认设置。

（1）账套信息

账套号：113

账套名称：ufida113

启用会计期：2017 年 6 月

（2）单位信息

单位名称：罗兰运达有限公司

单位简称：罗兰运达

（3）核算类型

本币代码：RMB

本币名称：人民币

企业类型：工业

行业性质：2007 年新会计制度科目

账套主管：慧娟

按行业性质预置科目：是

（4）基础信息

存货是否分类：是

客户是否分类：是

供应商是否分类：是

有无外币核算：有

（5）编码方案

科目编码级次： 4 2 2

部门编码级次： 1 2

结算方式编码级次： 1 2

（6）数据精度

全部采用默认值。

（7）系统启用

启用“总账”系统，启用日期为“2017-06-01”。

4．设置用户权限

设置用户韩青拥有 113 账套“总账”的操作权限。

5．输出账套

将 113 账套输出至“考生文件夹\X1_13”文件夹中。

1.14　第 14 题

【操作要求】

在考生文件夹下新建一个文件夹，命名为 X1_14。

1．登录系统管理

以系统管理员 admin（密码为空）的身份登录用友 U8 系统管理。

2．增加用户

增加以下用户。

编号	姓名	口令	所属角色
1141	秦越豪	141	无
1142	马跃	142	无

3．建立账套

新建空白账套，账套主要信息如下，其他采用系统默认设置。

（1）账套信息

账套号：114

账套名称：ufida114

启用会计期：2017 年 7 月

（2）单位信息

单位名称：锦悦科技有限公司

单位简称：锦悦科技

（3）核算类型

本币代码：RMB

本币名称：人民币

企业类型：工业

行业性质：2007 年新会计制度科目

账套主管：秦越豪

按行业性质预置科目：是

（4）基础信息

存货是否分类：是

客户是否分类：是

供应商是否分类：是

有无外币核算：有

（5）编码方案

科目编码级次：　　　4 2 2

部门编码级次：　　　1 2

结算方式编码级次：　1 2

（6）数据精度

全部采用默认值。

（7）系统启用

启用“总账”系统，启用日期为“2017-07-01”。

4．设置用户权限

设置用户马跃拥有 114 账套“总账”的操作权限。

5．输出账套

将 114 账套输出至“考生文件夹\X1_14”文件夹中。

1.15　第 15 题

【操作要求】

在考生文件夹下新建一个文件夹，命名为 X1_15。

1．登录系统管理

以系统管理员 admin（密码为空）的身份登录用友 U8 系统管理。

2．增加用户

增加以下用户。

编号	姓名	口令	所属角色
1151	王德	151	无
1152	李想	152	普通员工

3．建立账套

新建空白账套，账套主要信息如下，其他采用系统默认设置。

（1）账套信息

账套号：115

账套名称：ufida115

启用会计期：2017 年 8 月

（2）单位信息

单位名称：金沙制造有限公司

单位简称：金沙

（3）核算类型

本币代码：RMB

本币名称：人民币

企业类型：工业

行业性质：2007 年新会计制度科目

账套主管：王德

按行业性质预置科目：是

（4）基础信息

存货是否分类：是

客户是否分类：是

供应商是否分类：是

有无外币核算：有

（5）编码方案

科目编码级次：　　　4 2 2

供应商分类编码级次：1 2

结算方式编码级次：　1 2

（6）数据精度

全部采用默认值。

（7）系统启用

启用“总账”系统，启用日期为“2017-08-01”。

4．设置用户权限

设置用户李想拥有 115 账套“总账”的操作权限。

5．输出账套

将 115 账套输出至“考生文件夹\X1_15”文件夹中。

1.16　第 16 题

【操作要求】

在考生文件夹下新建一个文件夹，命名为 X1_16。

1．**登录系统管理**

以系统管理员 admin（密码为空）的身份登录用友 U8 系统管理。

2．**增加用户**

增加以下用户。

编号	姓名	口令	所属角色
1161	吴凯	161	无
1162	郑宇	162	无

3．**建立账套**

新建空白账套，账套主要信息如下，其他采用系统默认设置。

（1）账套信息

账套号：116

账套名称：ufida116

启用会计期：2017 年 9 月

（2）单位信息

单位名称：百华制造有限公司

单位简称：百华制造

（3）核算类型

本币代码：RMB

本币名称：人民币

企业类型：工业

行业性质：2007 年新会计制度科目

账套主管：吴凯

按行业性质预置科目：是

（4）基础信息

存货是否分类：是

客户是否分类：是

供应商是否分类：是

有无外币核算：有

（5）编码方案

科目编码级次：　　　4 2 2

客户分类编码级次：　1 2

供应商分类编码级次：1 2

结算方式编码级次：　1 2

（6）数据精度

全部采用默认值。

（7）系统启用

启用“总账”系统，启用日期为“2017-09-01”。

4．设置用户权限

设置用户郑宇拥有 116 账套“总账”的操作权限。

5．输出账套

将 116 账套输出至“考生文件夹\X1_16”文件夹中。

1.17　第 17 题

【操作要求】

在考生文件夹下新建一个文件夹，命名为 X1_17。

1．登录系统管理

以系统管理员 admin（密码为空）的身份登录用友 U8 系统管理。

2．增加用户

增加以下用户。

编号	姓名	口令	所属角色
1171	刘涵	171	账套主管
1172	张晓冉	172	普通员工

3．建立账套

新建空白账套，账套主要信息如下，其他采用系统默认设置。

（1）账套信息

账套号：117

账套名称：ufida117

启用会计期：2017 年 10 月

（2）单位信息

单位名称：安盛制造有限公司

单位简称：安盛

（3）核算类型

本币代码：RMB

本币名称：人民币

企业类型：工业

行业性质：2007 年新会计制度科目

账套主管：刘涵

按行业性质预置科目：是

（4）基础信息

存货是否分类：是

客户是否分类：是

供应商是否分类：否

有无外币核算：有

（5）编码方案

科目编码级次：　　　4 2 2

部门编码级次：　　　1 2

客户分类编码级次：　1 2

结算方式编码级次：　1 2

（6）数据精度

全部采用默认值。

（7）系统启用

启用“总账”系统，启用日期为“2017-10-01”。

4．设置用户权限

设置用户张晓冉拥有 117 账套“总账”的操作权限。

5．输出账套

将 117 账套输出至“考生文件夹\X1_17”文件夹中。

1.18　第 18 题

【操作要求】

在考生文件夹下新建一个文件夹，命名为 X1_18。

1．登录系统管理

以系统管理员 admin（密码为空）的身份登录用友 U8 系统管理。

2．增加用户

增加以下用户。

编号	姓名	口令	所属角色
1181	马瑶	181	无
1182	李政	182	无

3．建立账套

新建空白账套，账套主要信息如下，其他采用系统默认设置。

（1）账套信息

账套号：118

账套名称：ufida118

启用会计期：2017 年 11 月

（2）单位信息

单位名称：百华制造有限公司

单位简称：百华

（3）核算类型

本币代码：RMB

本币名称：人民币

企业类型：工业

行业性质：2007 年新会计制度科目

账套主管：马瑶

按行业性质预置科目：是

（4）基础信息

存货是否分类：否

客户是否分类：是

供应商是否分类：是

有无外币核算：有

（5）编码方案

科目编码级次：　　　4 2 2

供应商分类编码级次：1 2

结算方式编码级次：　1 2

（6）数据精度

全部采用默认值。

（7）系统启用

启用“总账”系统，启用日期为“2017-11-01”。

4．设置用户权限

设置用户李政拥有118账套“总账”的操作权限。

5．输出账套

将118账套输出至“考生文件夹\X1_18”文件夹中。

1.19　第 19 题

【操作要求】

在考生文件夹下新建一个文件夹，命名为 X1_19。

1．登录系统管理

以系统管理员 admin（密码为空）的身份登录用友 U8 系统管理。

2．增加用户

增加以下用户。

编号	姓名	口令	所属角色
1191	王猛	191	无
1192	秦璐	192	无

3．建立账套

新建空白账套，账套主要信息如下，其他采用系统默认设置。

（1）账套信息

账套号：119

账套名称：ufida119

启用会计期：2017 年 12 月

（2）单位信息

单位名称：华盛线缆有限公司

单位简称：华盛

（3）核算类型

本币代码：RMB

本币名称：人民币

企业类型：工业

行业性质：2007 年新会计制度科目

账套主管：王猛

按行业性质预置科目：是

（4）基础信息

存货是否分类：是

客户是否分类：是

供应商是否分类：是

有无外币核算：有

（5）编码方案

科目编码级次：　　　　4 2 2

客户分类编码级次：　　1 2

结算方式编码级次：　　1 2

（6）数据精度

全部采用默认值。

（7）系统启用

启用“总账”系统，启用日期为“2017-12-01”。

4．设置用户权限

设置用户秦璐拥有 119 账套“总账”的操作权限。

5．输出账套

将 119 账套输出至“考生文件夹\X1_19”文件夹中。

1.20　第 20 题

【操作要求】

在考生文件夹下新建一个文件夹，命名为 X1_20。

1．登录系统管理

以系统管理员 admin（密码为空）的身份登录用友 U8 系统管理。

2．增加用户

增加以下用户。

编号	姓名	口令	所属角色
1201	金宇	201	账套主管
1202	张虹	202	普通员工

3．建立账套

新建空白账套，账套主要信息如下，其他采用系统默认设置。

（1）账套信息

账套号：120

账套名称：ufida120

启用会计期：2017 年 1 月

（2）单位信息

单位名称：通联实业有限公司

单位简称：通联实业

（3）核算类型

本币代码：RMB

本币名称：人民币

企业类型：工业

行业性质：2007 年新会计制度科目

账套主管：金宇

按行业性质预置科目：是

（4）基础信息

存货是否分类：否

客户是否分类：否

供应商是否分类：是

有无外币核算：有

（5）编码方案

科目编码级次：　　　4 2 2

部门编码级次：　　　1 2

结算方式编码级次：　1 2

（6）数据精度

全部采用默认值。

（7）系统启用

启用“总账”系统，启用日期为“2017-01-01”。

4．设置用户权限

设置用户张虹拥有 120 账套“总账”的操作权限。

5．输出账套

将 120 账套输出至“考生文件夹\X1_20”文件夹中。

第2单元　基础档案设置

2.1　第1题

【操作要求】

在考生文件夹下新建一个文件夹，命名为X2_01。

以系统管理员身份登录系统管理，引入 C:\2016U8soft\Unit2 文件夹下的账套文件Y2_01。

以账套主管“1011 王欣东”（密码为011）的身份，登录U8企业应用平台，登录日期为“2017-01-01”，进行以下基础档案设置。

1．部门档案

部门编码	部门名称
1	总经办
2	财务部
3	采购部
4	销售部
5	生产部

2．人员档案

人员编码	人员姓名	性别	雇佣状态	人员类别	行政部门	是否业务员	是否操作员
001	张华	男	在职	正式工	财务部	是	否
002	纪群	女	在职	正式工	销售部	是	否

3．客户分类

客户分类编码	客户分类名称
01	本地客户
02	外地客户

4．客户档案

客户编号	客户名称	客户简称	客户分类
001	新淮动力机厂	新淮	外地客户
002	江城精密仪器有限公司	江城	外地客户

5．外币设置

本企业采用固定汇率核算外币，外币只涉及美元一种，美元币符为“$”，2017 年 1 月初的汇率为 6.2。

6．会计科目

（1）增加会计科目

科目编号	科目名称	辅助核算
100201	工行存款	日记账、银行账
222101	应交增值税	
22210101	进项税额	
22210105	销项税额	
660201	办公费	部门核算
660202	差旅费	部门核算

（2）修改会计科目

将“1122 应收账款”设置为“客户往来”辅助核算。

将“1221 其他应收款”设置为“个人往来”辅助核算。

将“1604 在建工程”设置为“项目核算”辅助核算。

（3）指定会计科目

指定“1001 库存现金”为现金科目，指定“1002 银行存款”为银行科目。

7．设置凭证类别

设置凭证类别分类方式为“记账凭证”，无限制条件。

8．设置项目档案

（1）增加项目大类

增加名称为“工程”、级次及项目结构均为默认参数的项目大类。

（2）指定项目核算科目

指定“1604 在建工程”科目为“工程”项目大类的核算科目。

（3）项目分类定义

增加分类编码为“1”、分类名称为“家属楼”的项目分类。

增加分类编码为“2”、分类名称为“办公楼”的项目分类。

（4）项目目录

项目编号	项目名称	所属分类码
01	1 号楼	1
02	2 号楼	1

9．设置结算方式

结算方式编码	结算方式名称	票据管理
1	现金结算	否
2	支票结算	否
201	现金支票	是
202	转账支票	是

10．设置常用摘要

设置摘要编码为“01”、摘要内容为“报销交通费用”的常用摘要，无需输入相关科目。

11．输出账套

将操作结果输出至“考生文件夹\X2_01”文件夹中。

2.2 第 2 题

【操作要求】

在考生文件夹下新建一个文件夹，命名为 X2_02。

以系统管理员身份登录系统管理，引入 C:\2016U8soft\Unit2 文件夹下的账套文件 Y2_02。

以账套主管“1021 王静”（密码为 021）的身份，登录 U8 企业应用平台，登录日期为“2017-08-05”，进行以下基础档案设置。

1. 部门档案

部门编码	部门名称
1	总经办
2	财务部
3	销售部

如图 2-1 所示。

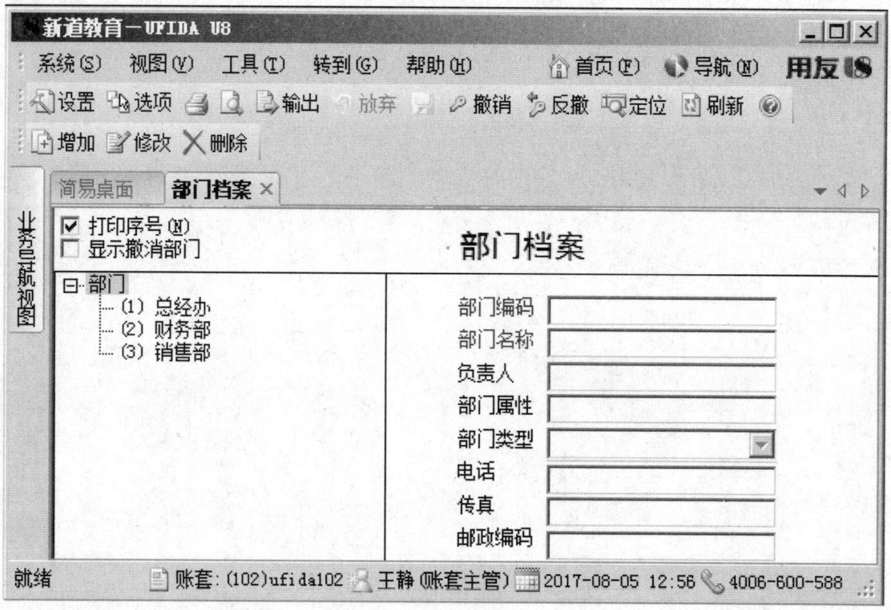

图 2-1 部门档案

2. 人员档案

人员编码	人员姓名	性别	雇佣状态	人员类别	行政部门	是否业务员	是否操作员
001	王超	男	在职	正式工	总经办	是	否
002	姜蕾	女	在职	正式工	销售部	是	否

3．客户分类

客户分类编码	客户分类名称
01	本地客户
02	外地客户

4．客户档案

客户编号	客户名称	客户简称	客户分类
001	沃华橡胶厂	沃华	外地客户
002	特伦特商贸有限公司	特伦特	本地客户

5．外币设置

本企业采用固定汇率核算外币，外币只涉及美元一种，美元币符为“$”，2017 年 8 月初汇率为 6.3。

6．会计科目

（1）增加会计科目

科目编号	科目名称	辅助核算
100201	农行	日记账、银行账
222101	应交增值税	
22210101	进项税额	
22210102	销项税额	
500101	直接材料	项目核算
660201	差旅费	部门核算

（2）修改会计科目

将“1221 其他应收款”设置为“个人往来”辅助核算。

将“5001 生产成本”设置为“项目核算”辅助核算。

（3）指定会计科目

指定“1001 库存现金”为现金科目。

7．设置凭证类别

设置凭证类别分类方式为“收款凭证 付款凭证 转账凭证”，无限制条件。

8．设置项目档案

（1）增加项目大类

增加名称为“成本”、级次及项目结构均为默认参数的项目大类。

（2）指定项目核算科目

指定“5001 生产成本”和“500101 直接材料”科目为“成本”项目大类的核算科目。

（3）项目分类定义

增加分类编码为“1”、分类名称为“自产”的项目分类。

增加分类编码为“2”、分类名称为“外加工”的项目分类。

（4）项目目录

项目编号	项目名称	所属分类码
01	10 平方线缆	1
02	25 平方线缆	2

9．设置结算方式

结算方式编码	结算方式名称	票据管理
1	现金结算	否
2	支票结算	否
201	转账支票	是

10．设置常用摘要

设置摘要编码为“01”、摘要内容为“提取备用金”的常用摘要，无需输入相关科目。

11．输出账套

将操作结果输出至“考生文件夹\X2_02”文件夹中。

2.3　第 3 题

【操作要求】

在考生文件夹下新建一个文件夹，命名为 X2_03。

以系统管理员身份登录系统管理，引入 C:\2016U8soft\Unit2 文件夹下的账套文件 Y2_03。

以账套主管“1031 王琪”（密码为 031）的身份，登录 U8 企业应用平台，登录日期为“2017-01-01”，进行以下基础档案设置。

1．部门档案

部门编码	部门名称
1	总经办
2	财务部
3	销售部

如图 2-2 所示。

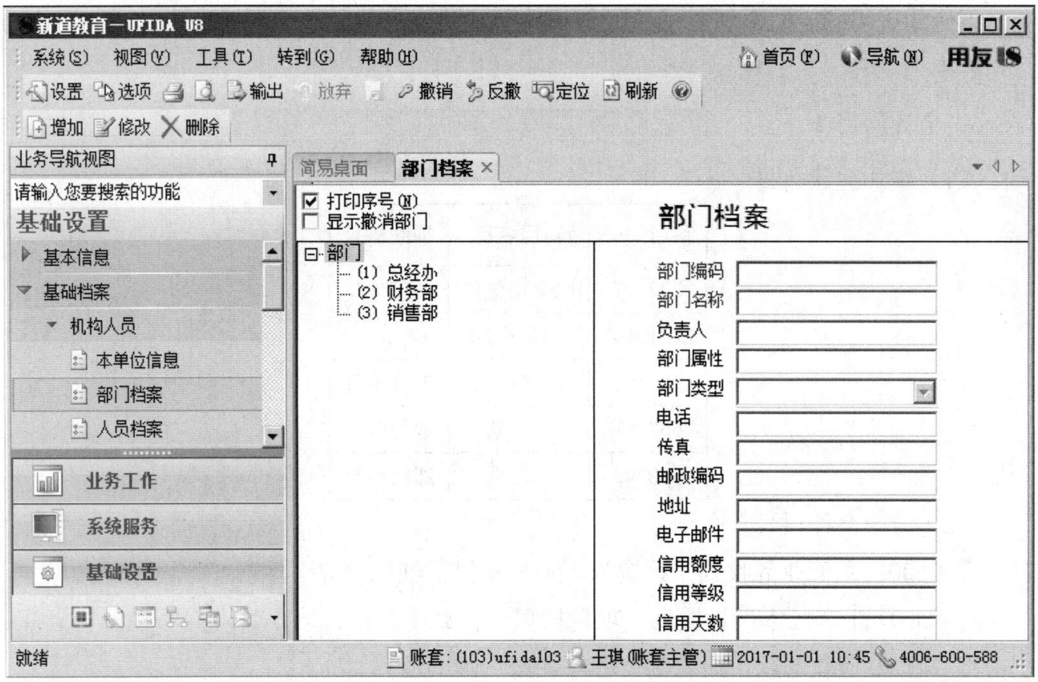

图 2-2　部门档案

2．人员档案

人员编码	人员姓名	性别	雇佣状态	人员类别	行政部门	是否业务员	是否操作员
001	江维那	女	在职	正式工	总经办	是	否
002	米彤	女	在职	正式工	销售部	是	否

3．客户分类

客户分类编码	客户分类名称
01	国内客户
02	国外客户

4．客户档案

客户编号	客户名称	客户简称	客户分类
001	新宇生物科技有限公司	新宇	国内客户
002	米斯生物工程技术有限公司	米斯	国外客户

5．外币设置

本企业采用固定汇率核算外币，外币只涉及欧元一种，欧元币符为“€”，2017 年 1 月初汇率为 7.4。

6．会计科目

（1）增加会计科目

科目编号	科目名称	辅助核算
222101	应交增值税	
22210102	销项税额	
500101	直接材料	项目核算
660201	差旅费	部门核算
660202	办公费	部门核算

（2）修改会计科目

将“6001 主营业务收入”设置为“项目核算”辅助核算。

将“5001 生产成本”设置为“项目核算”辅助核算。

将“1122 应收账款”设置为“客户往来”辅助核算。

（3）指定会计科目

指定“1002 银行存款”为银行科目。

7．设置凭证类别

设置凭证类别分类方式为“记账凭证”。

8．设置项目档案

（1）增加项目大类

增加名称为“产品”、级次及项目结构均为默认参数的项目大类。

（2）指定项目核算科目

指定“6001 主营业务收入”“5001 生产成本”和“500101 直接材料”科目为“产品”项目大类的核算科目。

（3）项目分类定义

增加项目分类编码为“1”、分类名称为“内销”的项目分类。

增加项目分类编码为“2”、分类名称为“出口”的项目分类。

（4）项目目录

项目编号	项目名称	所属分类码
01	阿奇霉素片	1
02	康宁感冒片	2

9．设置结算方式

结算方式编码	结算方式名称	票据管理
1	现金结算	否
2	支票结算	是
201	转账支票	是

10．设置常用摘要

设置摘要编码为“01”、摘要内容为“报销差旅费”的常用摘要，无需输入相关科目。

11．输出账套

将操作结果输出至“考生文件夹\X2_03”文件夹中。

2.4　第4题

【操作要求】

在考生文件夹下新建一个文件夹，命名为X2_04。

以系统管理员身份登录系统管理，引入C:\2016U8soft\Unit2文件夹下的账套文件Y2_04。

以账套主管1041（密码为041）的身份，登录U8企业应用平台，登录日期为“2017-11-01”，进行以下基础档案设置。

1．部门档案

部门编码	部门名称
1	总经办
2	财务部
3	销售部

2．人员档案

人员编码	人员姓名	性别	雇佣状态	人员类别	行政部门	是否业务员	是否操作员
001	赵新	男	在职	正式工	总经办	是	否
002	李芳	女	在职	正式工	销售部	是	否

如图2-3所示。

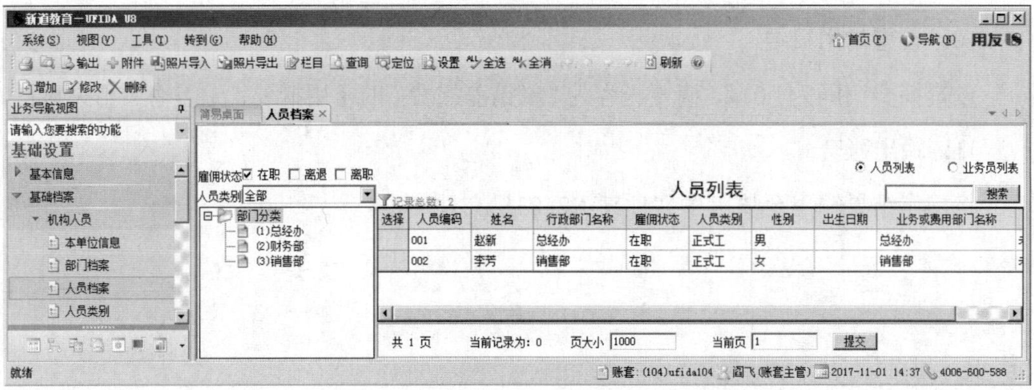

图2-3　人员档案

3．客户分类

客户分类编码	客户分类名称
01	超市
02	烟酒店

4．客户档案

客户编号	客户名称	客户简称	客户分类
001	华润链家超市	华润	超市
002	时代烟酒店	时代	烟酒店

5．外币设置

本企业采用固定汇率核算外币，外币只涉及美元一种，美元币符为“$”，2017 年 11 月初汇率为 6.2。

6．会计科目

（1）增加会计科目

科目编号	科目名称	辅助核算
100201	工行存款	日记账、银行账
222101	应交增值税	
22210101	销项税额	
660201	差旅费	部门核算
660202	通讯费	部门核算

（2）修改会计科目

将“1221 其他应收款”设置为“个人往来”辅助核算。

将“1604 在建工程”设置为“项目核算”辅助核算。

（3）指定会计科目

指定“1001 库存现金”为现金科目。

7．设置凭证类别

设置凭证类别分类方式为“收款凭证 付款凭证 转账凭证”，无限制条件。

8．设置项目档案

（1）增加项目大类

增加名称为“工程”、级次及项目结构均为默认参数的项目大类。

（2）指定项目核算科目

指定“1604 在建工程”科目为“工程”项目大类的核算科目。

（3）项目分类定义

增加项目分类编码为“1”、分类名称为“宿舍楼”的项目分类。

增加项目分类编码为“2”、分类名称为“办公楼”的项目分类。

（4）项目目录

项目编号	项目名称	所属分类码
01	10号楼	1
02	2号楼	2

9．设置结算方式

结算方式编码	结算方式名称	票据管理
1	现金结算	否
2	支票结算	否

10．设置常用摘要

设置摘要编码为“01”、摘要内容为“报销通讯费”的常用摘要，无需输入相关科目。

11．输出账套

将操作结果输出至“考生文件夹\X2_04”文件夹中。

2.5　第 5 题

【操作要求】

在考生文件夹下新建一个文件夹，命名为 X2_05。

以系统管理员身份登录系统管理，引入 C:\2016U8soft\Unit2 文件夹下的账套文件 Y2_05。

以 1051 操作员（密码为 051）的身份，登录 U8 企业应用平台，登录日期为“2017-05-01”，进行以下基础档案设置。

1. **部门档案**

部门编码	部门名称
1	总经办
2	采购部
3	销售部
4	财务部

2. **人员档案**

人员编码	人员姓名	性别	雇佣状态	人员类别	行政部门	是否业务员	是否操作员
001	张晓	男	在职	正式工	总经办	是	否
002	刘丽	女	在职	正式工	销售部	是	否

3. **客户分类**

客户分类编码	客户分类名称
1	本地客户
2	外地客户

如图 2-4 所示。

4. **客户档案**

客户编号	客户名称	客户简称	客户分类
01	华联商贸有限公司	华联	本地客户
02	仁元汇通商贸有限公司	仁元汇通	外地客户

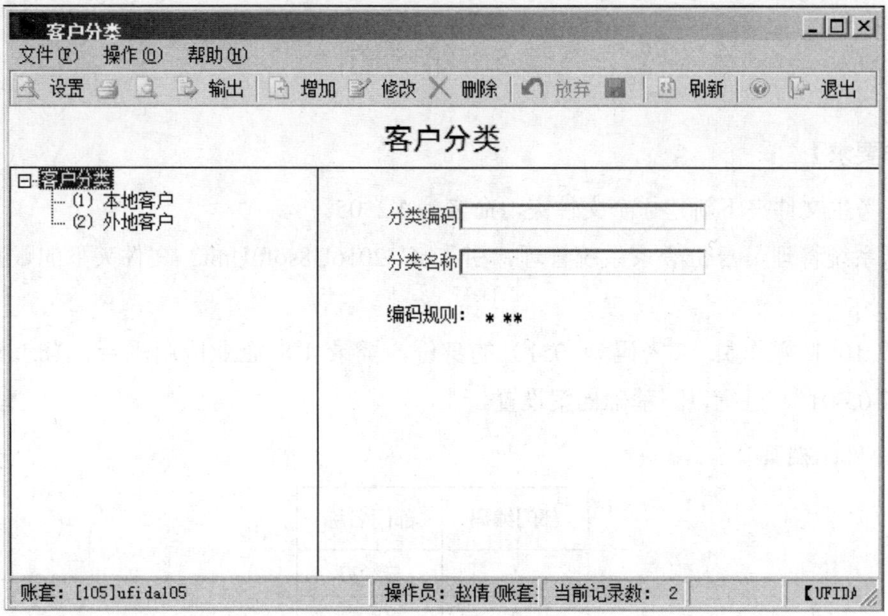

图 2-4 设置客户分类

5．外币设置

本企业采用固定汇率核算外币，外币只涉及欧元一种，欧元币符为“€”，2017 年 5 月初汇率为 7.4。

6．会计科目

（1）增加会计科目

科目编号	科目名称	辅助核算
100201	农行	日记账、银行账
222101	应交增值税	
22210101	进项税额	
660101	差旅费	
660201	办公费	部门核算
660202	折旧费	

（2）修改会计科目

将“6001 主营业务收入”设置为“项目核算”辅助核算。

将“1122 应收账款”设置为“客户往来”辅助核算。

（3）指定会计科目

指定“1002 银行存款”为银行科目。

7．设置凭证类别

设置凭证类别分类方式为“记账凭证”。

8．设置项目档案

（1）增加项目大类

增加名称为“产品”、级次及项目结构均为默认参数的项目大类。

（2）指定项目核算科目

指定“6001 主营业务收入”科目为“产品”项目大类的核算科目。

（3）项目分类定义

增加项目分类编码为“1”、分类名称为“冰箱”的项目分类。

增加项目分类编码为“2”、分类名称为“空调”的项目分类。

（4）项目目录

项目编号	项目名称	所属分类码
01	BX-01	1
02	KT-01	2

9．设置结算方式

结算方式编码	结算方式名称	票据管理
1	现金结算	否
2	支票结算	否
201	转账支票	是

10．设置常用摘要

设置摘要编码为“01”、摘要内容为“购入原材料”的常用摘要，无需输入相关科目。

11．输出账套

将操作结果输出至“考生文件夹\X2_05”文件夹中。

2.6 第 6 题

【操作要求】

在考生文件夹下新建一个文件夹，命名为 X2_06。

以系统管理员身份登录系统管理，引入 C:\2016U8soft\Unit2 文件夹下的账套文件 Y2_06。

以 1061 操作员（密码为 061）的身份，登录 U8 企业应用平台，登录日期为“2017-10-01”，进行以下基础档案设置。

1．部门档案

部门编码	部门名称
1	总经办
2	销售部
3	财务部

2．人员档案

人员编码	人员姓名	性别	雇佣状态	人员类别	行政部门	是否业务员	是否操作员
001	刘涛	男	在职	正式工	财务部	是	否
002	李红	女	在职	正式工	销售部	是	否

3．客户分类

客户分类编码	客户分类名称
01	批发
02	零售

4．客户档案

客户编号	客户名称	客户简称	客户分类
001	润达商贸有限公司	润达	01
002	新河装饰有限公司	新河装饰	02

如图 2-5 所示。

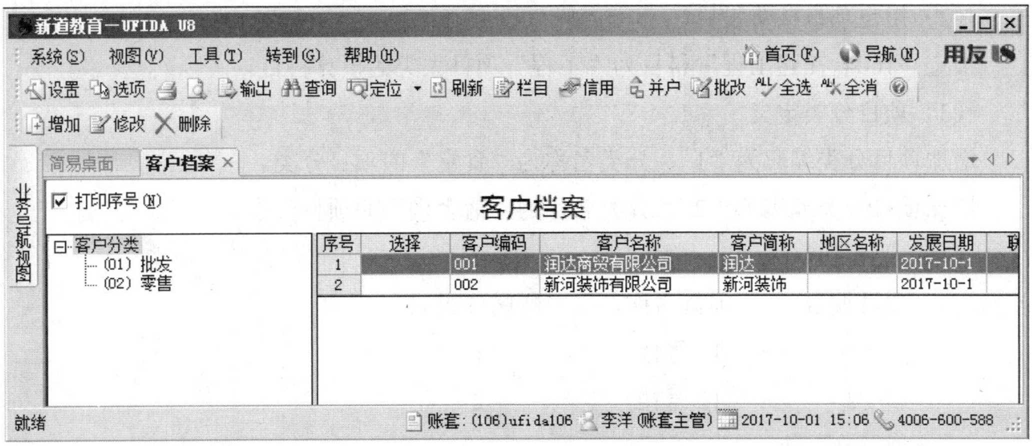

图 2-5　客户档案设置

5. 外币设置

本企业采用固定汇率核算外币，外币只涉及欧元一种，欧元币符为“€”，2017 年 10 月初汇率为 7.4。

6. 会计科目

（1）增加会计科目

科目编号	科目名称	辅助核算
100201	工行	日记账、银行账
222101	应交增值税	
22210101	销项税额	
660201	办公费	部门核算
660202	差旅费	部门核算

（2）修改会计科目

将“1604 在建工程”设置为“项目核算”辅助核算。

将“1122 应收账款”设置为“客户往来”辅助核算。

（3）指定会计科目

指定“1002 银行存款”为银行科目。

7. 设置凭证类别

设置凭证类别分类方式为“收款凭证 付款凭证 转账凭证”，无限制条件。

8. 设置项目档案

（1）增加项目大类

增加名称为“工程”、级次及项目结构均为默认参数的项目大类。

（2）指定项目核算科目

指定“1604 在建工程”科目为“工程”项目大类的核算科目。

（3）项目分类定义

增加项目分类编码为“1”、分类名称为“食堂”的项目分类。

增加项目分类编码为“2”、分类名称为“宿舍楼”的项目分类。

（4）项目目录

项目编号	项目名称	所属分类码
01	11 号楼	1
02	12 号楼	2

9．设置结算方式

结算方式编码	结算方式名称	票据管理
1	现金结算	否
2	支票结算	是
201	转账支票	是

10．设置常用摘要

设置摘要编码为“01”、摘要内容为“提取备用金”的常用摘要，无需输入相关科目。

11．输出账套

将操作结果输出至“考生文件夹\X2_06”文件夹中。

2.7 第 7 题

【操作要求】

在考生文件夹下新建一个文件夹，命名为 X2_07。

以系统管理员身份登录系统管理，引入 C:\2016U8soft\Unit2 文件夹下的账套文件 Y2_07。

以 1071 操作员（密码为 071）的身份，登录 U8 企业应用平台，登录日期为“2017-08-01”，进行以下基础档案设置。

1．部门档案

部门编码	部门名称
1	总经办
2	销售部
3	财务部

2．人员档案

人员编码	人员姓名	性别	雇佣状态	人员类别	行政部门	是否业务员	是否操作员
001	张磊	男	在职	正式工	总经办	是	否
002	刘静	女	在职	正式工	财务部	是	否

3．客户分类

客户分类编码	客户分类名称
1	本地客户
2	外地客户

4．客户档案

客户编号	客户名称	客户简称	客户分类
01	家兴商贸有限公司	家兴商贸	1
02	有缘思集团	有缘思	2

5．外币设置

本企业采用固定汇率核算外币，外币只涉及美元一种，美元币符为“$”，2017 年 8 月初汇率为 6.2。

6．会计科目

（1）增加会计科目

科目编号	科目名称	辅助核算
100201	建行	日记账、银行账
222101	应交增值税	
22210101	进项税额	
500101	直接材料	项目核算
660201	折旧费	部门核算

（2）修改会计科目

将“1122 应收账款”设置为“客户往来”辅助核算。

将“5001 生产成本”设置为“项目核算”辅助核算。

（3）指定会计科目

指定“1002 银行存款”为银行科目。

7．设置凭证类别

设置凭证类别分类方式为“记账凭证”，无限制条件。

8．设置项目档案

（1）增加项目大类

增加名称为“产品”、级次及项目结构均为默认参数的项目大类。

（2）指定项目核算科目

指定“5001 生产成本”和“500101 直接材料”科目为“产品”项目大类的核算科目。

（3）项目分类定义

增加项目分类编码为“1”、分类名称为“桌子”的项目分类。

增加项目分类编码为“2”、分类名称为“椅子”的项目分类。

（4）项目目录

项目编号	项目名称	所属分类码
01	餐桌	1
02	餐椅	2

9．设置结算方式

结算方式编码	结算方式名称	票据管理
1	现金结算	否
2	支票结算	是
3	网银转账	否

10．设置常用摘要

设置摘要编码为“01”、摘要内容为“报销差旅费”的常用摘要，无需输入相关科目。

11．输出账套

将操作结果输出至“考生文件夹\X2_07”文件夹中。

2.8　第 8 题

【操作要求】

在考生文件夹下新建一个文件夹，命名为 X2_08。

以系统管理员身份登录系统管理，引入 C:\2016U8soft\Unit2 文件夹下的账套文件 Y2_08。

以 1081 操作员（密码为 081）的身份，登录 U8 企业应用平台，登录日期为“2017-02-01”，进行以下基础档案设置。

1．部门档案

部门编码	部门名称
1	总经办
2	销售部
201	销售一部
202	销售二部
3	财务部

2．人员档案

人员编码	人员姓名	性别	雇佣状态	人员类别	行政部门	是否业务员	是否操作员
001	任海	男	在职	正式工	销售一部	是	否
002	刘强	男	在职	正式工	总经办	是	否

3．供应商分类

供应商分类编码	供应商分类名称
01	本地
02	外地

4．供应商档案

供应商编号	供应商名称	供应商简称	供应商分类
001	双西科技有限公司	双西科技	01
002	西城集团有限公司	西城集团	02

5．外币设置

本企业采用固定汇率核算外币，外币只涉及美元一种，美元币符为“$”，2017 年 2 月初汇率为 6.3。

6．会计科目

（1）增加会计科目

科目编号	科目名称	辅助核算
222101	应交增值税	
22210101	进项税额	
22210102	销项税额	
500103	制造费用	项目核算
660201	差旅费	部门核算

（2）修改会计科目

将“2202 应付账款”设置为“供应商往来”辅助核算。

将“6001 主营业务收入”设置为“项目核算”辅助核算。

将“1221 其他应收款”设置为“个人往来”辅助核算。

（3）指定会计科目

指定“1002 银行存款”为银行科目。

7．设置凭证类别

设置凭证类别分类方式为“记账凭证”，无限制条件。

8．设置项目档案

（1）增加项目大类

增加名称为“产品”、级次及项目结构均为默认参数的项目大类。

（2）指定项目核算科目

指定“500103 制造费用”和“6001 主营业务收入”科目为“产品”项目大类的核算科目。

（3）项目分类定义

增加项目分类编码为“1”、分类名称为“针剂”的项目分类。

增加项目分类编码为“2”、分类名称为“片剂”的项目分类。

（4）项目目录

项目编号	项目名称	所属分类码
01	葡萄糖注射液	1
02	连翘感冒片	2

9．设置结算方式

结算方式编码	结算方式名称	票据管理
1	现金结算	否
2	支票结算	是
3	商业汇票	是

10. 设置常用摘要

设置摘要编码为“01”、摘要内容为“报销办公费”的常用摘要，无需输入相关科目。

11. 输出账套

将操作结果输出至“考生文件夹\X2_08”文件夹中。

2.9 第9题

【操作要求】

在考生文件夹下新建一个文件夹，命名为X2_09。

以系统管理员身份登录系统管理，引入C:\2016U8soft\Unit2文件夹下的账套文件Y2_09。

以1091操作员（密码为091）的身份，登录U8企业应用平台，登录日期为“2017-07-01”，进行以下基础档案设置。

1．部门档案

部门编码	部门名称
1	总经办
2	销售部
3	财务部

2．人员档案

人员编码	人员姓名	性别	雇佣状态	人员类别	行政部门	是否业务员	是否操作员
001	李文山	男	在职	正式工	总经办	是	否
002	邢晓	女	在职	正式工	销售部	是	否

3．客户分类

客户分类编码	客户分类名称
1	批发
2	零售

4．客户档案

客户编号	客户名称	客户简称	客户分类
001	米乐烟酒店	米乐	2
002	大成超市	大成	1

5．外币设置

本企业采用固定汇率核算外币，外币只涉及欧元一种，欧元币符为“€”，2017年7月初汇率为7.4。

6．会计科目

（1）增加会计科目

科目编号	科目名称	辅助核算
222101	应交增值税	
22210102	销项税额	
660101	招待费	部门核算
660201	差旅费	部门核算

（2）修改会计科目

将“1122 应收账款”设置为“客户往来”辅助核算。

将“1221 其他应收款”设置为“个人往来”辅助核算。

将“6001 主营业务收入”设置为“项目核算”辅助核算。

（3）指定会计科目

指定“1001 库存现金”为现金科目。

7．设置凭证类别

设置凭证类别分类方式为“收款凭证 付款凭证 转账凭证”，无限制条件。

8．设置项目档案

（1）增加项目大类

增加名称为“商品”、级次及项目结构均为默认参数的项目大类。

（2）指定项目核算科目

指定“6001 主营业务收入”科目为“商品”项目大类的核算科目。

（3）项目分类定义

增加项目分类编码为“1”、分类名称为“香烟”的项目分类。

增加项目分类编码为“2”、分类名称为“饮料”的项目分类。

（4）项目目录

项目编号	项目名称	所属分类码
01	小熊猫	1
02	可乐	2

9．设置结算方式

计算方式编码	结算方式名称	票据管理
1	现金结算	否
2	支票结算	是
201	转账支票	是

10．设置常用摘要

设置摘要编码为“01”、摘要内容为“销售商品一批”的常用摘要，无需输入相关科目。

11．输出账套

将操作结果输出至“考生文件夹\X2_09”文件夹中。

2.10 第 10 题

【操作要求】

在考生文件夹下新建一个文件夹，命名为 X2_10。

以系统管理员身份登录系统管理，引入 C:\2016U8soft\Unit2 文件夹下的账套文件 Y2_10。

以 1101 操作员（密码为 101）的身份，登录 U8 企业应用平台，登录日期为“2017-03-01”，进行以下基础档案设置。

1．部门档案

部门编码	部门名称
1	总经办
2	采购部
3	财务部
4	生产车间

2．人员档案

人员编码	人员姓名	性别	雇佣状态	人员类别	行政部门	是否业务员	是否操作员
001	王小虎	男	在职	正式工	总经办	是	否
002	刘梅梅	女	在职	正式工	采购部	是	否

3．供应商分类

供应商分类编码	供应商分类名称
01	批发
02	零售

4．供应商档案

供应商编号	供应商名称	供应商简称	供应商分类
001	中南集团有限公司	中南集团	01
002	前海装饰有限公司	前海装饰	02

5．外币设置

本企业采用固定汇率核算外币，外币只涉及欧元一种，欧元币符为“€”，2017 年 3 月初汇率为 7.4。

6．会计科目

（1）增加会计科目

科目编号	科目名称	辅助核算
221101	福利费	
222102	工资	
222101	应交增值税	
22210102	进项税额	
500101	直接材料	项目核算
660201	工资	部门核算
660202	福利费	部门核算

（2）修改会计科目

将“1221 其他应收款”设置为“个人往来”辅助核算。

将“5001 生产成本”设置为“项目核算”辅助核算。

将“2202 应付账款”设置为“供应商往来”辅助核算。

（3）指定会计科目

指定“1001 库存现金”为现金科目。

7．设置凭证类别

设置凭证类别分类方式为“记账凭证”，无限制条件。

8．设置项目档案

（1）增加项目大类

增加名称为“产品”、级次及项目结构均为默认参数的项目大类。

（2）指定项目核算科目

指定“5001 生产成本”和“500101 直接材料”科目为“产品”项目大类的核算科目。

（3）项目分类定义

增加项目分类编码为“1”、分类名称为“脚手架”的项目分类。

增加项目分类编码为“2”、分类名称为“乳胶漆”的项目分类。

（4）项目目录

项目编号	项目名称	所属分类码
01	不锈钢脚手架	1
02	多安乳胶漆	2

9．设置结算方式

结算方式编码	结算方式名称	票据管理
1	现金结算	否
2	支票结算	是

10．设置常用摘要

设置摘要编码为“01”、摘要内容为“计提车间管理人员工资”的常用摘要，无需输入相关科目。

11．输出账套

将操作结果输出至“考生文件夹\X2_10”文件夹中。

2.11　第 11 题

【操作要求】

在考生文件夹下新建一个文件夹，命名为 X2_11。

以系统管理员身份登录系统管理，引入 C:\2016U8soft\Unit2 文件夹下的账套文件 Y2_11。

以 1111 操作员的身份（密码为 111）登录 111 账套，登录 U8 企业应用平台，登录日期为“2017-04-01”，进行以下基础档案设置。

1．部门档案

部门编码	部门名称
1	总经办
2	财务部
3	销售部
301	销售一部
302	销售二部

2．人员档案

人员编码	人员姓名	性别	雇佣状态	人员类别	行政部门	是否业务员	是否操作员
001	王明	男	在职	正式工	总经办	是	否
002	董磊	男	在职	正式工	财务部	是	否

3．客户分类

客户分类编码	客户分类名称
01	本地
02	外地

4．客户档案

客户编号	客户名称	客户简称	客户分类
001	有梦集团	有梦	01
002	珠江商贸有限公司	珠江商贸	02

5．外币设置

本企业采用固定汇率核算外币，外币只涉及欧元一种，欧元币符为“€”，2017 年 4 月初汇率为 7.4。

6. 会计科目

（1）增加会计科目

科目编号	科目名称	辅助核算
100201	工行	日记账、银行账
222101	应交增值税	
22210102	销项税额	
660101	招待费	部门核算
660102	差旅费	部门核算

（2）修改会计科目

将“1221 其他应收款”设置为“个人往来”辅助核算。

将“1122 应收账款”设置为“客户往来”辅助核算。

将“1604 在建工程”设置为“项目核算”辅助核算。

（3）指定会计科目

指定“1002 银行存款”为银行科目。

7. 设置凭证类别

设置凭证类别分类方式为“记账凭证”，无限制条件。

8. 设置项目档案

（1）增加项目大类

增加名称为“工程”、级次及项目结构均为默认参数的项目大类。

（2）指定项目核算科目

指定“1604 在建工程”科目为“工程”项目大类的核算科目。

（3）项目分类定义

增加项目分类编码为“1”、分类名称为“澡堂”的项目分类。

增加项目分类编码为“2”、分类名称为“食堂”的项目分类。

（4）项目目录

项目编号	项目名称	所属分类码
01	A楼	1
02	B楼	2

9. 设置结算方式

结算方式编码	结算方式名称	票据管理
1	现金结算	否
2	支票结算	是
3	网银结算	否

10．设置常用摘要

设置摘要编码为“01”、摘要内容为“盘点库存商品”的常用摘要，无需输入相关科目。

11．输出账套

将操作结果输出至“考生文件夹\X2_11”文件夹中。

2.12 第 12 题

【操作要求】

在考生文件夹下新建一个文件夹，命名为 X2_12。

以系统管理员身份登录系统管理，引入 C:\2016U8soft\Unit2 文件夹下的账套文件 Y2_12。

以 1121 操作员的身份（密码为 121）登录 112 账套，登录 U8 企业应用平台，登录日期为“2017-05-01”，进行以下基础档案设置。

1．部门档案

部门编码	部门名称
1	总经办
2	财务部
3	采购部

2．人员档案

人员编码	人员姓名	性别	雇佣状态	人员类别	行政部门	是否业务员	是否操作员
001	刘青	男	在职	正式工	总经办	是	否
002	郭楠	女	在职	正式工	采购部	是	否

3．客户分类

客户分类编码	客户分类名称
1	零售
2	批发

4．客户档案

客户编号	客户名称	客户简称	客户分类
01	利福集团	利福	1
02	颐高数码有限公司	颐高	2

5．外币设置

本企业采用固定汇率核算外币，外币只涉及美元一种，美元币符为“$”，2017 年 5 月初汇率为 6.3。

6．会计科目

（1）增加会计科目

科目编号	科目名称	辅助核算
221101	工资	
221102	福利费	
222101	应交增值税	
22210102	进项税额	
660201	工资	部门核算
660202	福利费	部门核算

（2）修改会计科目

将“1122 应收账款”设置为“客户往来”辅助核算。

将“6001 主营业务收入”设置为“项目核算”辅助核算。

（3）指定会计科目

指定“1002 银行存款”为银行科目。

7．设置凭证类别

设置凭证类别分类方式为“记账凭证”，无限制条件。

8．设置项目档案

（1）增加项目大类

增加名称为“产品”、级次及项目结构均为默认参数的项目大类。

（2）指定项目核算科目

指定“6001 主营业务收入”科目为“产品”项目大类的核算科目。

（3）项目分类定义

增加项目分类编码为“1”、分类名称为“主板”的项目分类。

增加项目分类编码为“2”、分类名称为“硬盘”的项目分类。

（4）项目目录

项目编号	项目名称	所属分类码
01	ZB-01	1
02	YP-01	2

9．设置结算方式

结算方式编码	结算方式名称	票据管理
1	现金结算	否
2	支票结算	否

10．设置常用摘要

设置摘要编码为“01”、摘要内容为“购入物资”的常用摘要，无需输入相关科目。

11．输出账套

将操作结果输出至“考生文件夹\X2_12”文件夹中。

2.13 第 13 题

【操作要求】

在考生文件夹下新建一个文件夹，命名为 X2_13。

以系统管理员身份登录系统管理，引入 C:\2016U8soft\Unit2 文件夹下的账套文件 Y2_13。

以 1131 操作员的身份（密码为 131）登录 113 账套，登录 U8 企业应用平台，登录日期为“2017-06-01”，进行以下基础档案设置。

1．部门档案

部门编码	部门名称
1	总经办
2	财务部
3	采购部
4	销售部

2．人员档案

人员编码	人员姓名	性别	雇佣状态	人员类别	行政部门	是否业务员	是否操作员
001	赵晓倩	女	在职	正式工	总经办	是	否
002	张伟平	男	在职	正式工	采购部	是	否

3．客户分类

客户分类编码	客户分类名称
01	批发
02	零售

4．客户档案

客户编号	客户名称	客户简称	客户分类
001	佳佳商贸有限公司	佳佳	01
002	麦迪科技有限公司	麦迪	02

5．外币设置

本企业采用固定汇率核算外币，外币只涉及美元一种，美元币符为“$”，2017 年 6 月初汇率为 6.3。

6．会计科目

（1）增加会计科目

科目编号	科目名称	辅助核算
100201	农行	日记账、银行账
222101	应交增值税	
22210101	进项税额	
22210102	销项税额	
660201	折旧费	部门核算

（2）修改会计科目

将“1122 应收账款”设置为“客户往来”辅助核算。

将“1221 其他应收款”设置为“个人往来”辅助核算。

将“6001 主营业务收入”设置为“项目核算”辅助核算。

（3）指定会计科目

指定“1002 银行存款”为银行科目。

7．设置凭证类别

设置凭证类别分类方式为“收款凭证 付款凭证 转账凭证”，无限制条件。

8．设置项目档案

（1）增加项目大类

增加名称为“产品”、级次及项目结构均为默认参数的项目大类。

（2）指定项目核算科目

指定“6001 主营业务收入”科目为“产品”项目大类的核算科目。

（3）项目分类定义

增加项目分类编码为“1”、分类名称为“台式机”的项目分类。

增加项目分类编码为“2”、分类名称为“笔记本”的项目分类。

（4）项目目录

项目编号	项目名称	所属分类码
01	罗兰电脑	1
02	创佳笔记本	2

9．设置结算方式

结算方式编码	结算方式名称	票据管理
1	现金结算	否
2	支票结算	是
201	现金支票	是
202	转账支票	是

10．设置常用摘要

设置摘要编码为“01”、摘要内容为“销售产品一批”的常用摘要，无需输入相关科目。

11．输出账套

将操作结果输出至“考生文件夹\X2_13”文件夹中。

2.14　第 14 题

【操作要求】

在考生文件夹下新建一个文件夹，命名为 X2_14。

以系统管理员身份登录系统管理，引入 C:\2016U8soft\Unit2 文件夹下的账套文件 Y2_14。

以 1141 操作员的身份（密码为 141）登录 114 账套，登录 U8 企业应用平台，登录日期为“2017-07-01”，进行以下基础档案设置。

1．部门档案

部门编码	部门名称
1	总经办
2	销售部
3	采购部

2．人员档案

人员编码	人员姓名	性别	雇佣状态	人员类别	行政部门	是否业务员	是否操作员
001	周明	男	在职	正式工	总经办	是	否
002	邓雪	女	在职	正式工	销售部	是	否

3．供应商分类

供应商分类编码	供应商分类名称
01	零售
02	批发

4．供应商档案

供应商编号	供应商名称	供应商简称	供应商分类
001	美林达科技有限公司	美林达	01
002	恒海商贸有限公司	恒海	02

5．外币设置

本企业采用固定汇率核算外币，外币只涉及美元一种，美元币符为“$”，2017 年 7 月初汇率为 6.2。

6．会计科目

（1）增加会计科目

科目编号	科目名称	辅助核算
100201	农行	日记账、银行账
222101	应交增值税	
22210101	进项税额	
500101	直接材料	项目核算
660201	差旅费	部门核算
660201	折旧费	部门核算

（2）修改会计科目

将“2202 应付账款”设置为“供应商往来”辅助核算。

将“5001 生产成本”设置为“项目核算”辅助核算。

（3）指定会计科目

指定“1001 库存现金”为现金科目。

7．设置凭证类别

设置凭证类别分类方式为“收款凭证 付款凭证 转账凭证”，无限制条件。

8．设置项目档案

（1）增加项目大类

增加名称为“产品”、级次及项目结构均为默认参数的项目大类。

（2）指定项目核算科目

指定“5001 生产成本”和“500101 直接材料”科目为“产品”项目大类的核算科目。

（3）项目分类定义

增加项目分类编码为“1”、分类名称为“药品”的项目分类。

增加项目分类编码为“2”、分类名称为“医疗器械”的项目分类。

（4）项目目录

项目编号	项目名称	所属分类码
01	清咽丸	1
02	血压仪	2

9．设置结算方式

结算方式编码	结算方式名称	票据管理
1	现金结算	否
2	支票结算	是
3	商业汇票	是

10．设置常用摘要

设置摘要编码为“01”、摘要内容为“提取备用金”的常用摘要，无需输入相关科目。

11．输出账套

将操作结果输出至“考生文件夹\X2_14”文件夹中。

2.15 第 15 题

【操作要求】

在考生文件夹下新建一个文件夹，命名为 X2_15。

以系统管理员身份登录系统管理，引入 C:\2016U8soft\Unit2 文件夹下的账套文件 Y2_15。

以账套主管“1151 王德”（密码为 151）的身份，登录 U8 企业应用平台，登录日期为“2017-08-01”，进行以下基础档案设置。

1．部门档案

部门编码	部门名称
1	总经办
2	销售部
3	采购部

2．人员档案

人员编码	人员姓名	性别	雇佣状态	人员类别	行政部门	是否业务员	是否操作员
001	张平	男	在职	正式工	总经办	是	否
002	吕佳	女	在职	正式工	销售部	是	否

3．供应商分类

供应商分类编码	供应商分类名称
1	本地
2	外地

4．供应商档案

供应商编号	供应商名称	供应商简称	供应商分类
001	印隆装饰有限公司	印隆	1
002	樊雨商贸	樊雨	2

5．外币设置

本企业采用固定汇率核算外币，外币只涉及美元一种，美元币符为“$”，2017 年 8 月初汇率为 6.2。

6．会计科目

（1）增加会计科目

科目编号	科目名称	辅助核算
100201	招行	日记账、银行账
222101	应交增值税	
22210101	销项税额	
660101	招待费	部门核算
660201	差旅费	部门核算
660202	办公费	部门核算

（2）修改会计科目

将“2202 应付账款”设置为“供应商往来”辅助核算。

将“1604 在建工程”设置为“项目核算”辅助核算。

（3）指定会计科目

指定“1002 银行存款”为银行科目。

7．设置凭证类别

设置凭证类别分类方式为“记账凭证”，无限制条件。

8．设置项目档案

（1）增加项目大类

增加名称为“工程”、级次及项目结构均为默认参数的项目大类。

（2）指定项目核算科目

指定“1604 在建工程”科目为“工程”项目大类的核算科目。

（3）项目分类定义

增加项目分类编码为“1”、分类名称为“宿舍楼”的项目分类。

增加项目分类编码为“2”、分类名称为“食堂”的项目分类。

（4）项目目录

项目编号	项目名称	所属分类码
01	A楼	1
02	B楼	2

9．设置结算方式

结算方式编码	结算方式名称	票据管理
1	现金结算	否
2	支票结算	是

10．设置常用摘要

设置摘要编码为“01”、摘要内容为“销售产品一批”的常用摘要，无需输入相关科目。

11．输出账套

将操作结果输出至“考生文件夹\X2_15”文件夹中。

2.16 第16题

【操作要求】

在考生文件夹下新建一个文件夹，命名为X2_16。

以系统管理员身份登录系统管理，引入 C:\2016U8soft\Unit2 文件夹下的账套文件Y2_16。

以账套主管“1161 吴凯”（密码为161）的身份，登录U8企业应用平台，登录日期为“2017-09-01”，进行以下基础档案设置。

1．部门档案

部门编码	部门名称
1	总经办
2	财务部
3	采购部
4	销售部

2．人员档案

人员编码	人员姓名	性别	雇佣状态	人员类别	行政部门	是否业务员	是否操作员
001	陆欣	女	在职	正式工	总经办	是	否
002	李敏	女	在职	正式工	采购部	是	否

3．客户分类

客户分类编码	客户分类名称
1	批发
2	零售

4．客户档案

客户编号	客户名称	客户简称	客户分类
001	金泽科技有限公司	金泽	1
002	凯美商贸	凯美	2

5．外币设置

本企业采用固定汇率核算外币，外币只涉及欧元一种，欧元币符为“€”，2017年9月初汇率为7.4。

6．会计科目

（1）增加会计科目

科目编号	科目名称	辅助核算
100201	工行	日记账、银行账
222101	应交增值税	
22210101	进项税额	
660201	差旅费	部门核算
660202	工资	部门核算
660203	折旧费	部门核算

（2）修改会计科目

将“1221 其他应收款”设置为“个人往来”辅助核算。

将“1604 在建工程”设置为“项目核算”辅助核算。

（3）指定会计科目

指定“1002 银行存款”为银行科目。

7．设置凭证类别

设置凭证类别分类方式为“记账凭证”，无限制条件。

8．设置项目档案

（1）增加项目大类

增加名称为“工程”、级次及项目结构均为默认参数的项目大类。

（2）指定项目核算科目

指定“1604 在建工程”科目为“工程”项目大类的核算科目。

（3）项目分类定义

增加项目分类编码为“1”、分类名称为“职工幼儿园”的项目分类。

增加项目分类编码为“2”、分类名称为“职工宿舍”的项目分类。

（4）项目目录

项目编号	项目名称	所属分类码
01	A 楼	1
02	B 楼	2

9．设置结算方式

结算方式编码	结算方式名称	票据管理
1	现金结算	否
2	支票结算	是

10．设置常用摘要

设置摘要编码为“01”、摘要内容为“报销差旅费”的常用摘要，无需输入相关科目。

11．输出账套

将操作结果输出至“考生文件夹\X2_16”文件夹中。

2.17 第 17 题

【操作要求】

在考生文件夹下新建一个文件夹，命名为 X2_17。

以系统管理员身份登录系统管理，引入 C:\2016U8soft\Unit2 文件夹下的账套文件 Y2_17。

以账套主管“1171 刘涵”（密码为 171）的身份，登录 U8 企业应用平台，登录日期为“2017-10-01”，进行以下基础档案设置。

1．部门档案

部门编码	部门名称
1	总经办
2	财务部
3	采购部

2．人员档案

人员编码	人员姓名	性别	雇佣状态	人员类别	行政部门	是否业务员	是否操作员
001	徐磊	男	在职	正式工	总经办	是	否
002	林夕	女	在职	正式工	采购部	是	否

3．客户分类

客户分类编码	客户分类名称
1	国内客户
2	国外客户

4．客户档案

客户编号	客户名称	客户简称	客户分类
001	科信发展有限公司	科信	1
002	莱宁科技有限公司	莱宁	2

5．外币设置

本企业采用固定汇率核算外币，外币只涉及欧元一种，欧元币符为“€”，2017 年 10 月初汇率为 7.3。

6．会计科目

（1）增加会计科目

科目编号	科目名称	辅助核算
222101	应交增值税	
22210102	销项税额	
500101	直接材料	项目核算
660101	招待费	部门核算
660201	通讯费	部门核算

（2）修改会计科目

将“1221 其他应收款”设置为“个人往来”辅助核算。

将“1122 应收账款”设置为“客户往来”辅助核算。

将“5001 生产成本”设置为“项目核算”辅助核算。

将“6001 主营业务收入”设置为“项目核算”辅助核算。

（3）指定会计科目

指定“1001 库存现金”为现金科目。

7．设置凭证类别

设置凭证类别分类方式为“收款凭证 付款凭证 转账凭证”，无限制条件。

8．设置项目档案

（1）增加项目大类

增加名称为“产品”、级次及项目结构均为默认参数的项目大类。

（2）指定项目核算科目

指定“6001 主营业务收入”“5001 生产成本”“500101 直接材料”科目为“产品”项目大类的核算科目。

（3）项目分类定义

增加项目分类编码为“1”、分类名称为“纯棉”的项目分类。

增加项目分类编码为“2”、分类名称为“真丝”的项目分类。

（4）项目目录

项目编号	项目名称	所属分类码
01	纯棉菊花	1
02	真丝牡丹	2

9．设置结算方式

结算方式编码	结算方式名称	票据管理
1	现金结算	否
2	支票结算	否
201	现金支票	否
202	转账支票	否

10．设置常用摘要

设置摘要编码为“01”、摘要内容为“领用原材料”的常用摘要，无需输入相关科目。

11．输出账套

将操作结果输出至“考生文件夹\X2_17”文件夹中。

2.18 第 18 题

【操作要求】

在考生文件夹下新建一个文件夹，命名为 X2_18。

以系统管理员身份登录系统管理，引入 C:\2016U8soft\Unit2 文件夹下的账套文件 Y2_18。

以账套主管“1181 马瑶”（密码为 181）的身份，登录 U8 企业应用平台，登录日期为“2017-11-01”，进行以下基础档案设置。

1．部门档案

部门编码	部门名称
1	总经办
2	财务部
3	采购部
4	销售部

2．人员档案

人员编码	人员姓名	性别	雇佣状态	人员类别	行政部门	是否业务员	是否操作员
001	侯娜	女	在职	正式工	总经办	是	否
002	姚冠泽	男	在职	正式工	采购部	是	否

3．供应商分类

供应商分类编码	供应商分类名称
1	国外
2	国内

4．供应商档案

供应商编号	供应商名称	供应商简称	供应商分类
001	皇嘉工贸有限公司	皇嘉	1
002	凯瑞斯特科技有限公司	凯瑞斯特	2

5．外币设置

本企业采用固定汇率核算外币，外币只涉及欧元一种，欧元币符为“€”，2017 年 11 月初汇率为 7.4。

6．会计科目

（1）增加会计科目

科目编号	科目名称	辅助核算
100201	建行	日记账、银行账
222101	应交增值税	
22210101	进项税额	
660201	通讯费	部门核算
660202	折旧费	部门核算

（2）修改会计科目

将“2202 应付账款”设置为“供应商往来”辅助核算。

将“1604 在建工程”设置为“项目核算”辅助核算。

（3）指定会计科目

指定“1002 银行存款”为银行科目。

7. 设置凭证类别

设置凭证类别分类方式为“记账凭证”，无限制条件。

8. 设置项目档案

（1）增加项目大类

增加名称为“工程”、级次及项目结构均为默认参数的项目大类。

（2）指定项目核算科目

指定“1604 在建工程”科目为“工程”项目大类的核算科目。

（3）项目分类定义

增加项目分类编码为“1”、分类名称为“厂房”的项目分类。

增加项目分类编码为“2”、分类名称为“仓库”的项目分类。

（4）项目目录

项目编号	项目名称	所属分类码
01	A楼	1
02	B楼	2

9. 设置结算方式

结算方式编码	结算方式名称	票据管理
1	现金结算	否
2	支票结算	是
3	商业汇票	是

10. 设置常用摘要

设置摘要编码为“01”、摘要内容为“提取备用金”的常用摘要，无需输入相关科目。

11. 输出账套

将操作结果输出至“考生文件夹\X2_18”文件夹中。

2.19　第 19 题

【操作要求】

在考生文件夹下新建一个文件夹，命名为 X2_19。

以系统管理员身份登录系统管理，引入 C:\2016U8soft\Unit2 文件夹下的账套文件 Y2_19。

以账套主管“1191 王伟”（密码为 191）的身份，登录 U8 企业应用平台，登录日期为“2017-12-01”，进行以下基础档案设置。

1．部门档案

部门编码	部门名称
1	总经办
2	销售部
3	财务部

2．人员档案

人员编码	人员姓名	性别	雇佣状态	人员类别	行政部门	是否业务员	是否操作员
001	孙静	女	在职	正式工	总经办	是	否
002	钱磊	男	在职	正式工	财务部	是	否

3．客户分类

客户分类编码	客户分类名称
1	本地客户
2	外地客户

4．客户档案

客户编号	客户名称	客户简称	客户分类
001	天元商贸有限公司	天元	1
002	恒安制造有限公司	恒安	2

5．外币设置

本企业采用固定汇率核算外币，外币只涉及美元一种，美元币符为“$”，2017 年 12 月初汇率为 6.2。

6．会计科目

（1）增加会计科目

科目编号	科目名称	辅助核算
222101	应交增值税	
22210101	销项税额	
500102	直接人工	项目核算
660201	办公费	部门核算
660202	差旅费	部门核算

（2）修改会计科目

将“1221 其他应收款”设置为“个人往来”辅助核算。

将“5001 生产成本”设置为“项目核算”辅助核算。

将“6001 主营业务收入”设置为“项目核算”辅助核算。

（3）指定会计科目

指定“1001 库存现金”为现金科目。

7．设置凭证类别

设置凭证类别分类方式为“记账凭证”，无限制条件。

8．设置项目档案

（1）增加项目大类

增加名称为“产品”、级次及项目结构均为默认参数的项目大类。

（2）指定项目核算科目

指定“6001 主营业务收入”和“500102 直接人工”科目为“产品”项目大类的核算科目。

（3）项目分类定义

增加项目分类编码为“1”、分类名称为“自产”的项目分类。

增加项目分类编码为“2”、分类名称为“外加工”的项目分类。

（4）项目目录

项目编号	项目名称	所属分类码
01	10 平方线缆	1
02	4 平方线缆	2

9．设置结算方式

结算方式编码	结算方式名称	票据管理
1	现金结算	否
2	支票结算	是

10．设置常用摘要

设置摘要编码为“01”、摘要内容为“计提工人工资”的常用摘要，无需输入相关科目。

11．输出账套

将操作结果输出至“考生文件夹\X2_19”文件夹中。

2.20 第20题

【操作要求】

在考生文件夹下新建一个文件夹，命名为X2_20。

以系统管理员身份登录系统管理，引入 C:\2016U8soft\Unit2 文件夹下的账套文件Y2_20。

以账套主管“1201 金宇”（密码为201）的身份，登录U8企业应用平台，登录日期为“2017-01-01”，进行以下基础档案设置。

1．部门档案

部门编码	部门名称
1	总经办
2	销售部
3	财务部

2．人员档案

人员编码	人员姓名	性别	雇佣状态	人员类别	行政部门	是否业务员	是否操作员
001	刘佳	女	在职	正式工	财务部	是	否
002	赵芬	女	在职	正式工	销售部	是	否

3．供应商分类

供应商分类编码	供应商分类名称
01	批发
02	零售

4．供应商档案

供应商编号	供应商名称	供应商简称	供应商分类
001	珍宝商贸有限公司	珍宝	01
002	奈克集团有限公司	奈克	02

5．外币设置

本企业采用固定汇率核算外币，外币只涉及欧元一种，欧元币符为“€”，2017年1月初汇率为7.4。

6．会计科目

（1）增加会计科目

科目编号	科目名称	辅助核算
100201	农行	日记账、银行账
222101	应交增值税	
22210101	销项税额	
22210102	进项税额	
660101	折旧费	部门核算

（2）修改会计科目

将“2202 应付账款”设置为“供应商往来”辅助核算。

将“6001 主营业务收入”设置为“项目核算”辅助核算。

（3）指定会计科目

指定“1002 银行存款”为银行科目。

7．设置凭证类别

设置凭证类别分类方式为“记账凭证”，无限制条件。

8．设置项目档案

（1）增加项目大类

增加名称为“产品”、级次及项目结构均为默认参数的项目大类。

（2）指定项目核算科目

指定“6001 主营业务收入”科目为“产品”项目大类的核算科目。

（3）项目分类定义

增加项目分类编码为“1”、分类名称为“连衣裙”的项目分类。

增加项目分类编码为“2”、分类名称为“套装”的项目分类。

（4）项目目录

项目编号	项目名称	所属分类码
01	碎花连衣裙	1
02	深蓝工装	2

9．设置结算方式

结算方式编码	结算方式名称	票据管理
1	现金结算	否
2	支票结算	是
201	转账支票	是
202	现金支票	是

10．设置常用摘要

设置摘要编码为“01”、摘要内容为“销售产品一批”的常用摘要，无需输入相关科目。

11．输出账套

将操作结果输出至“考生文件夹\X2_20”文件夹中。

第 3 单元　总账初始化设置

3.1　第 1 题

【操作要求】

在考生文件夹下新建一个文件夹，命名为 X3_01。

以系统管理员身份登录系统管理，引入 C:\2016U8soft\Unit3 文件夹下的账套文件 Y3_01。以 1011 操作员的身份（密码为 011）登录 101 账套，登录日期为“2017-01-11”，进行总账初始化设置。

1．设置总账选项

设置“可以使用应收受控科目”，其他选项采用系统默认。

2．录入期初余额

科目名称	方向	期初余额（元）
库存现金	借	3 000
工行存款	借	100 000
工程物资	借	28 000
应收账款	借	119 000
短期借款	贷	50 000
实收资本	贷	200 000

其中，应收账款业务明细如下，未指定的内容可以输入任意字符。

日期	客户	摘要	金额（元）
2016-10-31	新淮	购货款	77 000
2016-11-17	江城	购货款	42 000

3．试算平衡

对期初余额进行试算平衡。

4．输出账套

将操作结果输出至“考生文件夹\X3_01”文件夹中。

3.2 第2题

【操作要求】

在考生文件夹下新建一个文件夹，命名为X3_02。

以系统管理员身份登录系统管理，引入C:\2016U8soft\Unit3文件夹下的账套文件Y3_02。以1021操作员的身份（密码为021）登录102账套，登录日期为“2017-08-11”进行总账初始化设置。

1. 设置总账选项

设置“可以使用应收受控科目”和“可以使用应付受控科目”，其他选项采用系统默认，如图3-1所示。

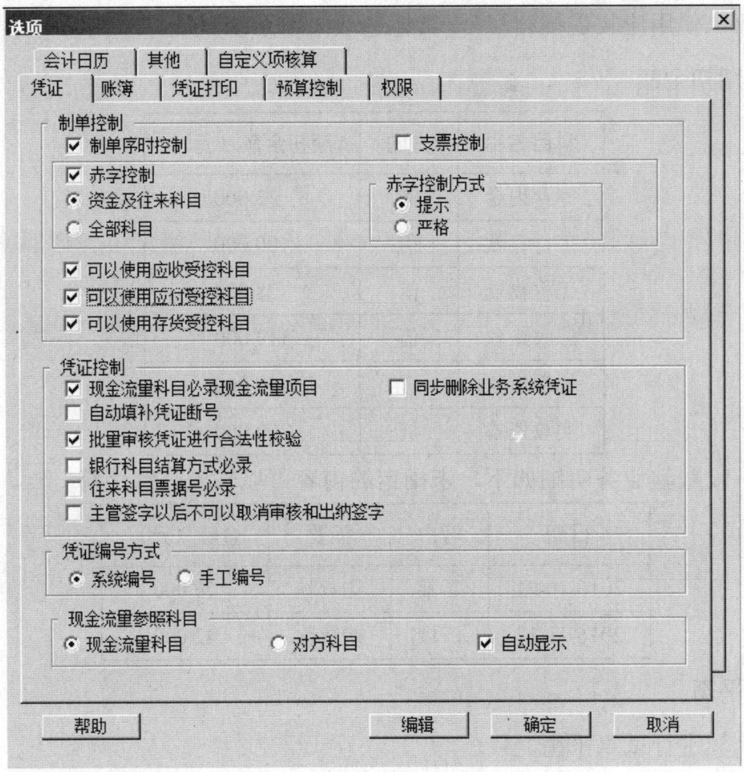

图3-1 设置总账选项

2．录入期初余额

科目名称	方向	期初余额（元）
库存现金	借	10 000
农行	借	100 000
其他应收款	借	2 000
固定资产	借	88 000
实收资本	贷	200 000

其中，其他应收账款业务明细如下，未指定的内容可以输入任意字符。

日期	人员	摘要	金额（元）
2017-7-31	王超	出差借款	2 000

3．试算平衡

对期初余额进行试算平衡。

4．输出账套

将操作结果输出至“考生文件夹\X3_02”文件夹中。

3.3　第 3 题

【操作要求】

在考生文件夹下新建一个文件夹，命名为 X3_03。

以系统管理员身份登录系统管理，引入 C:\2016U8soft\Unit3 文件夹下的账套文件 Y3_03。以 1031 操作员的身份（密码为 031）登录 103 账套，登录日期为“2017-01-01”，进行总账初始化设置。

1．设置总账选项

设置“可以使用应收受控科目”和“可以使用应付受控科目”，其他选项采用系统默认。

2．录入期初余额

科目名称	方向	期初余额（元）
库存现金	借	5 000
银行存款	借	100 000
原材料	借	60 000
应收账款	借	5 000
实收资本	贷	100 000
短期借款	贷	70 000

其中，应收账款业务明细如下，如图 3-2 所示。

日期	客户	摘要	金额（元）
2016-10-31	米斯	康宁感冒片	5 000

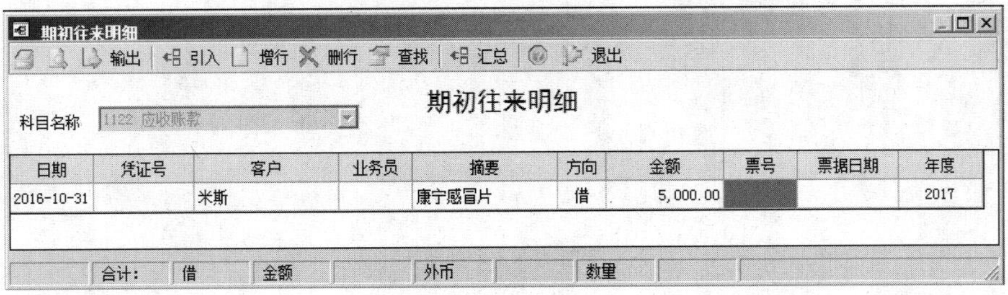

图 3-2　往来明细

3．试算平衡

对期初余额进行试算平衡。

4．输出账套

将操作结果输出至“考生文件夹\X3_03”文件夹中。

3.4　第 4 题

【操作要求】

在考生文件夹下新建一个文件夹，命名为 X3_04。

以系统管理员身份登录系统管理，引入 C:\2016U8soft\Unit3 文件夹下的账套文件 Y3_04。以 1041 操作员的身份（密码为 041）登录 104 账套，登录日期为“2017-11-01”，进行总账初始化设置。

1．设置总账选项

设置“可以使用应收受控科目”和“可以使用应付受控科目”，其他选项采用系统默认。

2．录入期初余额

科目名称	方向	期初余额（元）
库存现金	借	10 000
工行存款	借	50 000
库存商品	借	134 500
其他应收款	借	5 500
长期借款	贷	200 000

其中，其他应收款业务明细如下。

日期	人员	摘要	金额（元）
2017-10-30	李芳	出差借款	3 500
2017-10-31	赵新	出差借款	2 000

3．试算平衡

对期初余额进行试算平衡，如图 3-3 所示。

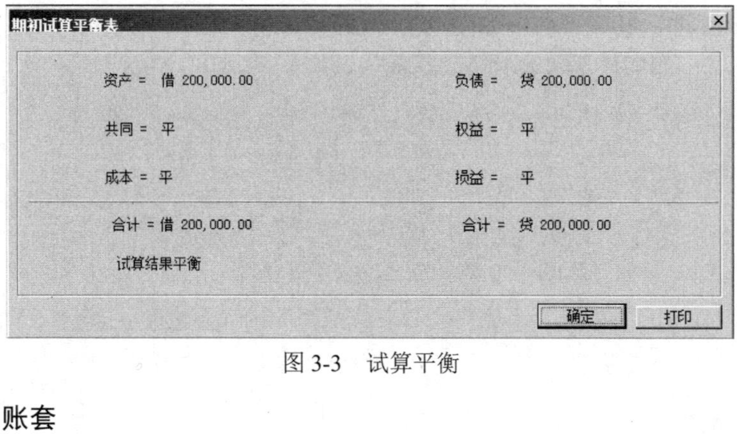

图 3-3　试算平衡

4．输出账套

将操作结果输出至“考生文件夹\X3_04”文件夹中。

3.5　第 5 题

【操作要求】

在考生文件夹下新建一个文件夹，命名为 X3_05。

以系统管理员身份登录系统管理，引入 C:\2016U8soft\Unit3 文件夹下的账套文件 Y3_05。以 1051 操作员的身份（密码为 051）登录 105 账套，登录日期为“2017-05-01”，进行总账初始化设置。

1．设置总账选项

设置“可以使用应付受控科目”和“可以使用应收受控科目”，其他选项采用系统默认。

2．录入期初余额

科目名称	方向	期初余额（元）
库存现金	借	10 000
农行存款	借	100 000
应收账款	借	30 000
固定资产	借	100 000
短期借款	贷	140 000
实收资本	贷	100 000

其中，应收账款业务明细如下。

日期	客户	摘要	金额（元）
2017-04-30	华联	BX-01 欠款	20 000
2017-04-15	仁元汇通	KT-01 欠款	10 000

3．试算平衡

对期初余额进行试算平衡，如图 3-4 所示。

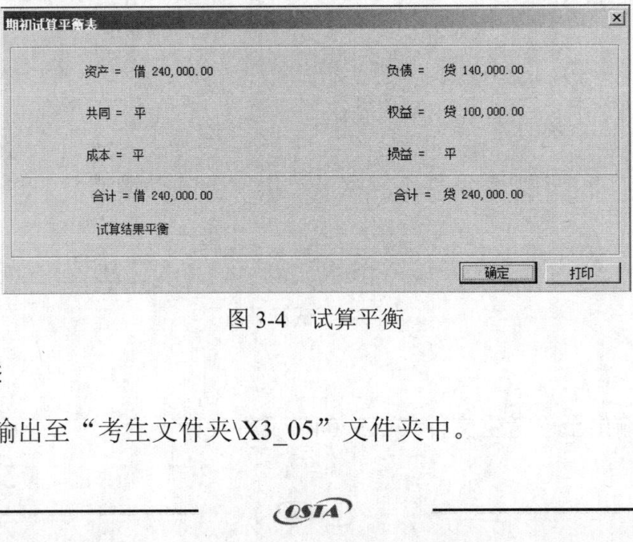

图 3-4　试算平衡

4．输出账套

将操作结果输出至“考生文件夹\X3_05”文件夹中。

3.6 第 6 题

【操作要求】

在考生文件夹下新建一个文件夹，命名为 X3_06。

以系统管理员身份登录系统管理，引入 C:\2016U8soft\Unit3 文件夹下的账套文件 Y3_06。

以 1061 操作员的身份（密码为 061）登录 106 账套，登录日期为“2017-10-01”，进行总账初始化设置。

1．设置总账选项

设置“可以使用应收受控科目”和“可以使用应付受控科目”，其他选项采用系统默认。

2．录入期初余额

科目名称	方向	期初余额（元）
工行	借	100 000
工程物资	借	200 000
应收账款	借	50 000
短期借款	贷	150 000
实收资本	贷	200 000

其中，应收账款业务明细如下，未指定的内容可以输入任意字符。

日期	客户	摘要	金额（元）
2016-07-30	润达	货款	50 000

3．试算平衡

对期初余额进行试算平衡。

4．输出账套

将操作结果输出至“考生文件夹\X3_06”文件夹中。

3.7 第 7 题

【操作要求】

在考生文件夹下新建一个文件夹，命名为 X3_07。

以系统管理员身份登录系统管理，引入 C:\2016U8soft\Unit3 文件夹下的账套文件 Y3_07。

以 1071 操作员的身份（密码为 071）登录 107 账套，登录日期为“2017-08-01”，进行总账初始化设置。

1．设置总账选项

设置“可以使用应收受控科目”，其他选项采用系统默认。

2．录入期初余额

科目名称	方向	期初余额（元）
建行	借	50 000
原材料	借	10 000
应收账款	借	40 000
固定资产	借	20 000
长期借款	贷	120 000

其中，应收账款业务明细如下，未指定的内容可以输入任意字符。

日期	客户	摘要	金额（元）
2017-07-30	有缘思公司	欠款	20 000
2017-07-31	家兴商贸	欠款	20 000

3．试算平衡

对期初余额进行试算平衡。

4．输出账套

将操作结果输出至“考生文件夹\X3_07”文件夹中。

3.8　第 8 题

【操作要求】

在考生文件夹下新建一个文件夹，命名为 X3_08。

以系统管理员身份登录系统管理，引入 C:\2016U8soft\Unit3 文件夹下的账套文件 Y3_08。

以 1081 操作员的身份（密码为 081）登录 108 账套，登录日期为“2017-02-01”，进行总账初始化设置。

1．设置总账选项

设置“可以使用应收受控科目”和“可以使用应付受控科目”，其他选项采用系统默认。

2．录入期初余额

科目名称	方向	期初余额（元）
银行存款	借	20 000
周转材料	借	50 000
其他应收款	借	8 000
固定资产	借	100 000
长期借款	贷	150 000
短期借款	贷	28 000

其中，其他应收款业务明细如下，未指定的内容可以输入任意字符。

日期	人员	摘要	金额（元）
2017-1-30	任海	预借款	5 000
2017-1-31	刘强	预借款	3 000

3．试算平衡

对期初余额进行试算平衡。

4．输出账套

将操作结果输出至“考生文件夹\X3_08”文件夹中。

3.9　第 9 题

【操作要求】

在考生文件夹下新建一个文件夹，命名为 X3_09。

以系统管理员身份登录系统管理，引入 C:\2016U8soft\Unit3 文件夹下的账套文件 Y3_09。

以 1091 操作员的身份（密码为 091）登录 109 账套，登录日期为“2017-07-01”，进行总账初始化设置。

1．设置总账选项

设置“可以使用应收受控科目”和“可以使用应付受控科目”，其他选项采用系统默认。

2．录入期初余额

科目名称	方向	期初余额（元）
银行存款	借	250 000
库存商品	借	50 000
应收账款	借	50 000
短期借款	贷	100 000
实收资本	贷	250 000

其中，应收账款业务明细如下，未指定的内容可以输入任意字符。

日期	客户	摘要	金额（元）
2017-06-25	米乐	货款	20 000
2017-06-30	大成	货款	30 000

3．试算平衡

对期初余额进行试算平衡。

4．输出账套

将操作结果输出至“考生文件夹\X3_09”文件夹中。

3.10　第 10 题

【操作要求】

在考生文件夹下新建一个文件夹，命名为 X3_10。

以系统管理员身份登录系统管理，引入 C:\2016U8soft\Unit3 文件夹下的账套文件 Y3_10。

以 1101 操作员的身份（密码为 101）登录 110 账套，登录日期为“2017-03-01”，进行总账初始化设置。

1．设置总账选项

设置“可以使用应收受控科目”和“可以使用应付受控科目”，其他选项采用系统默认。

2．录入期初余额

科目名称	方向	期初余额（元）
库存现金	借	10 000
银行存款	借	50 000
原材料	借	50 000
在建工程	借	100 000
应付账款	贷	50 000
实收资本	贷	160 000

其中，应付账款业务明细如下，未指定的内容可以输入任意字符。

日期	供应商	摘要	金额（元）
2017-02-15	中南集团	货款	10 000
2017-02-17	前海装饰	货款	40 000

3．试算平衡

对期初余额进行试算平衡。

4．输出账套

将操作结果输出至“考生文件夹\X3_10”文件夹中。

3.11 第 11 题

【操作要求】

在考生文件夹下新建一个文件夹，命名为 X3_11。

以系统管理员身份登录系统管理，引入 C:\2016U8soft\Unit3 文件夹下的账套文件 Y3_11。

以 1111 操作员的身份（密码为 111）登录 111 账套，登录日期为“2017-04-01”，进行总账初始化设置。

1．设置总账选项

设置“可以使用应收受控科目”和“可以使用应付受控科目”，其他选项采用系统默认。

2．录入期初余额

科目名称	方向	期初余额（元）
库存现金	借	10 000
原材料	借	50 000
库存商品	借	30 000
固定资产	借	100 000
其他应收款	借	10 000
短期借款	贷	200 000

其中，其他应收款业务明细如下，未指定的内容可以输入任意字符。

日期	人员	摘要	金额（元）
2017-03-17	王明	出差借款	4 000
2017-03-17	董磊	出差借款	6 000

3．试算平衡

对期初余额进行试算平衡。

4．输出账套

将操作结果输出至“考生文件夹\X3_11”文件夹中。

3.12　第 12 题

【操作要求】

在考生文件夹下新建一个文件夹，命名为 X3_12。

以系统管理员身份登录系统管理，引入 C:\2016U8soft\Unit3 文件夹下的账套文件 Y3_12。

以 1121 操作员的身份（密码为 121）登录 112 账套，登录日期为“2017-05-01”，进行总账初始化设置。

1．设置总账选项

设置“可以使用应收受控科目”和“可以使用应付受控科目”，其他选项采用系统默认。

2．录入期初余额

科目名称	方向	期初余额（元）
库存现金	借	2 000
银行存款	借	138 000
应收账款	借	60 000
在建工程	借	100 000
短期借款	贷	100 000
实收资本	贷	200 000

其中，应收账款业务明细如下，未指定的内容可以输入任意字符。

日期	客户	摘要	金额（元）
2017-04-17	利福集团	货款	30 000
2017-04-20	颐高数码	货款	30 000

3．试算平衡

对期初余额进行试算平衡。

4．输出账套

将操作结果输出至“考生文件夹\X3_12”文件夹中。

3.13 第 13 题

【操作要求】

在考生文件夹下新建一个文件夹，命名为 X3_13。

以系统管理员身份登录系统管理，引入 C:\2016U8soft\Unit3 文件夹下的账套文件 Y3_13。

以 1131 操作员的身份（密码为 131）登录 113 账套，登录日期为“2017-06-01”，进行总账初始化设置。

1．设置总账选项

设置“可以使用应收受控科目”和“可以使用应付受控科目”，其他选项采用系统默认。

2．录入期初余额

科目名称	方向	期初余额（元）
库存现金	借	20 000
农行	借	100 000
其他应收款	借	10 000
固定资产	借	50 000
长期借款	贷	180 000

其中，其他应收款业务明细如下，未指定的内容可以输入任意字符。

日期	客户	摘要	金额（元）
2017-05-18	张伟平	出差借款	10 000

3．试算平衡

对期初余额进行试算平衡。

4．输出账套

将操作结果输出至“考生文件夹\X3_13”文件夹中。

3.14 第 14 题

【操作要求】

在考生文件夹下新建一个文件夹，命名为 X3_14。

以系统管理员身份登录系统管理，引入 C:\2016U8soft\Unit3 文件夹下的账套文件 Y3_14。

以 1141 操作员的身份（密码为 141）登录 114 账套，登录日期为“2017-07-01”，进行总账初始化设置。

1．设置总账选项

设置“可以使用应收受控科目”和“可以使用应付受控科目”，其他选项采用系统默认。

2．录入期初余额

科目名称	方向	期初余额（元）
农行	借	150 000
原材料	借	60 000
固定资产	借	40 000
应付账款	贷	70 000
长期借款	贷	180 000

其中，应付账款明细如下，未指定的内容可以输入任意字符。

日期	供应商	摘要	金额（元）
2017-06-25	恒海	货款	70 000

3．试算平衡

对期初余额进行试算平衡。

4．输出账套

将操作结果输出至“考生文件夹\X3_14”文件夹中。

3.15 第 15 题

【操作要求】

在考生文件夹下新建一个文件夹，命名为 X3_15。

以系统管理员身份登录系统管理，引入 C:\2016U8soft\Unit3 文件夹下的账套文件 Y3_15。

以 1151 操作员的身份（密码为 151）登录 115 账套，登录日期为“207-08-01”，进行总账初始化设置。

1．设置总账选项

设置“可以使用应收受控科目”和“可以使用应付受控科目”，其他选项采用系统默认。

2．录入期初余额

科目名称	方向	期初余额（元）
库存现金	借	5 000
招行	借	100 000
原材料	借	50 000
固定资产	借	45 000
应付账款	贷	30 000
短期借款	贷	170 000

其中，应付账款业务明细如下，未指定的内容可以输入任意字符。

日期	供应商	摘要	金额（元）
2017-07-25	樊雨	货款	30 000

3．试算平衡

对期初余额进行试算平衡。

4．输出账套

将操作结果输出至“考生文件夹\X3_15”文件夹中。

3.16　第16题

【操作要求】

在考生文件夹下新建一个文件夹，命名为X3_16。

以系统管理员身份登录系统管理，引入 C:\2016U8soft\Unit3 文件夹下的账套文件Y3_16。

以1161操作员的身份（密码为161）登录116账套，登录日期为“2017-09-01”，进行总账初始化设置。

1．设置总账选项

设置“可以使用应收受控科目”和“可以使用应付受控科目”，其他选项采用系统默认。

2．录入期初余额

科目名称	方向	期初余额（元）
库存现金	借	5 000
工行	借	200 000
库存商品	借	100 000
其他应收款	借	5 000
固定资产	借	50 000
实收资本	贷	360 000

其中，其他应收款业务明细如下，未指定的内容可以输入任意字符。

日期	个人	摘要	金额（元）
2017-08-25	陆欣	出差借款	5 000

3．试算平衡

对期初余额进行试算平衡。

4．输出账套

将操作结果输出至“考生文件夹\X3_16”文件夹中。

3.17 第 17 题

【操作要求】

在考生文件夹下新建一个文件夹，命名为 X3_17。

以系统管理员身份登录系统管理，引入 C:\2016U8soft\Unit3 文件夹下的账套文件 Y3_17。

以 1171 操作员的身份（密码为 171）登录 117 账套，登录日期为“2017-10-01”，进行总账初始化设置。

1．设置总账选项

设置“可以使用应收受控科目”和“可以使用应付受控科目”，其他选项采用系统默认。

2．录入期初余额

科目名称	方向	期初余额（元）
库存现金	借	15 000
银行存款	借	50 000
其他应收款	借	5 000
原材料	借	100 000
库存商品	借	200 000
短期借款	贷	170 000
实收资本	贷	200 000

其中，其他应付款业务明细如下，未指定的内容可以输入任意字符。

日期	人员	摘要	金额（元）
2017-09-17	徐磊	出差借款	5 000

3．试算平衡

对期初余额进行试算平衡。

4．输出账套

将操作结果输出至“考生文件夹\X3_17”文件夹中。

3.18　第 18 题

【操作要求】

在考生文件夹下新建一个文件夹，命名为 X3_18。

以系统管理员身份登录系统管理，引入 C:\2016U8soft\Unit3 文件夹下的账套文件 Y3_18。

以 1181 操作员的身份（密码为 181）登录 118 账套，登录日期为“2017-11-01”，进行总账初始化设置。

1．设置总账选项

设置“可以使用应收受控科目”和“可以使用应付受控科目”，其他选项采用系统默认。

2．录入期初余额

科目名称	方向	期初余额（元）
建行	借	230 000
库存商品	借	80 000
固定资产	借	50 000
应付账款	贷	30 000
实收资本	贷	330 000

其中，应收账款业务明细如下，未指定的内容可以输入任意字符。

日期	供应商	摘要	金额（元）
2017-10-25	凯瑞斯特	货款	30 000

3．试算平衡

对期初余额进行试算平衡。

4．输出账套

将操作结果输出至“考生文件夹\X3_18”文件夹中。

3.19 第19题

【操作要求】

在考生文件夹下新建一个文件夹，命名为X3_19。

以系统管理员身份登录系统管理，引入 C:\2016U8soft\Unit3 文件夹下的账套文件Y3_19。

以1191操作员的身份（密码为191）登录119账套，登录日期为“2017-12-01”，进行总账初始化设置。

1. 设置总账选项

设置“可以使用应收受控科目”，其他选项采用系统默认。

2. 录入期初余额

科目名称	方向	期初余额（元）
库存现金	借	10 000
银行存款	借	190 000
库存商品	借	100 000
其他应收款	借	10 000
固定资产	借	200 000
长期借款	贷	100 000
实收资本	贷	410 000

其中，其他应收款业务明细如下，未指定的内容可以输入任意字符。

日期	个人	摘要	金额（元）
2017-11-20	孙静	出差借款	5 000
2017-11-21	钱磊	出差借款	5 000

3. 试算平衡

对期初余额进行试算平衡。

4. 输出账套

将操作结果输出至“考生文件夹\X3_19”文件夹中。

3.20　第 20 题

【操作要求】

在考生文件夹下新建一个文件夹，命名为 X3_20。

以系统管理员身份登录系统管理，引入 C:\2016U8soft\Unit3 文件夹下的账套文件 Y3_20。

以 1201 操作员的身份（密码为 201）登录 120 账套，登录日期为“2017-01-01”，进行总账初始化设置。

1．设置总账选项

设置“可以使用应收受控科目”和“可以使用应付受控科目”，其他选项采用系统默认。

2．录入期初余额

科目名称	方向	期初余额（元）
农行	借	100 000
库存商品	借	200 000
应付账款	贷	50 000
短期借款	贷	150 000
实收资本	贷	100 000

其中，应付账款业务明细如下，未指定的内容可以输入任意字符。

日期	供应商	摘要	金额（元）
2016-09-25	奈克	货款	50 000

3．试算平衡

对期初余额进行试算平衡。

4．输出账套

将操作结果输出至“考生文件夹\X3_20”文件夹中。

第 4 单元　总账日常业务处理

4.1　第 1 题

【操作要求】

在考生文件夹下新建一个文件夹，命名为 X4_01。

以系统管理员身份登录系统管理，引入 C:\2016U8soft\Unit4 文件夹下的账套文件 Y4_01。

以 1012 操作员的身份（密码为 012）登录 101 账套，登录日期为“2017-01-11”，填制凭证。

以 1011 操作员的身份（密码为 011）登录 101 账套，登录日期为“2017-01-11”，审核凭证和记账。

1．填制凭证（未给定的辅助内容不需输入）

（1）1 月 11 日，财务部出纳持现金支票（票号为 1701）从工行提取现金 10 000 元，作为备用金，如图 4-1 所示。

借：库存现金（1001）　　　　　　　　　10 000

　　贷：银行存款/工行存款（100201）　　　　10 000

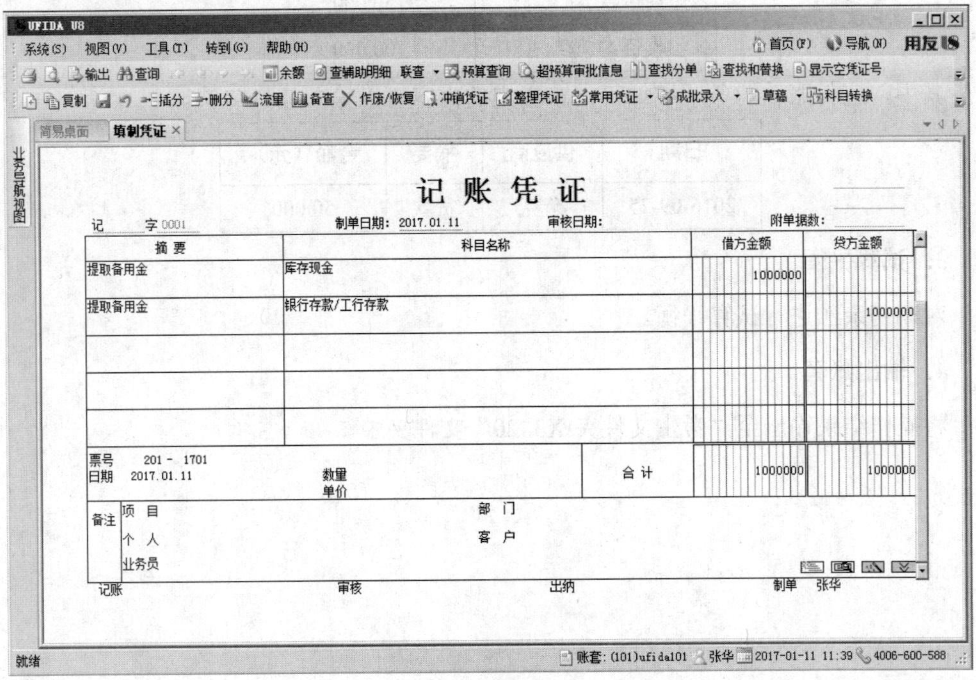

图 4-1　填制凭证

（2）1 月 11 日，总经办购买办公用品 800 元，用现金支付。

借：管理费用/办公费　（660201）　　800

　　贷：库存现金（1001）　　800

（3）1 月 11 日，销售部纪群出差，预借差旅费 3 000 元。

借：其他应收款（1221）　　3 000

　　贷：库存现金（1001）　　3 000

（4）1 月 11 日，向新淮动力机厂销售产品一批，金额 80 000 元，增值税 13 600 元，价税合计 93 600 元，货款未收。

借：应收账款（1122）　　93 600

　　贷：主营业务收入（6001）　　80 000

　　　　应交税费/应交增值税/销项税额　　13 600

（5）领用工程物资 20 000 元，用于建造 1 号家属楼。

借：在建工程（1604）　　20 000

　　贷：工程物资（1605）　　20 000

2．审核凭证

更换为操作员 1011，审核全部记账凭证。

3．记账

由操作员 1011 对已审核凭证进行记账。

4．输出账套

将操作结果输出至“考生文件夹\X4_01”文件夹中。

4.2 第2题

【操作要求】

在考生文件夹下新建一个文件夹，命名为X4_02。

以系统管理员身份登录系统管理，引入C:\2016U8soft\Unit4文件夹下的账套文件Y4_02。

以1022操作员的身份（密码为022）登录102账套，登录日期为“2017-08-11”，填制凭证。

以1021操作员的身份（密码为021）登录102账套，登录日期为“2017-08-11”，审核凭证和记账。

1．填制凭证（未给定的辅助内容不需输入）

（1）8月11日，财务部出纳从农行提取现金13 400元作为备用金。

借：库存现金（1001）　13 400

　　贷：银行存款/农行（100201）　13 400

（2）8月11日，购进空调一台，金额2 100元，增值税357元，价税合计2 457元，农行转账支付，票号170501。

借：固定资产（1601）　2 100

　　应交税费/应交增值税/进项税（22210101）　357

　　贷：银行存款/农行（100201）　2 457

如图4-2所示。

（3）8月11日，总经办王超报销差旅费2 000元。

借：管理费用/差旅费（660201）　2 000

　　贷：其他应收款（1221）　2 000

（4）8月11日，向特伦特公司销售10平方线缆，金额17 000元，增值税2 890元，账款已收存入农行。

借：银行存款/农行(100201)　19 890

　　贷：主营业务收入（6001）　17 000

　　　　应交税费/应交增值税/销项税额（22210102）　2 890

（5）8月11日，领用原材料20 000元，用于生产10平方线缆。

借：生产成本/直接材料（500101）　20 000

　　贷：原材料（1403）　20 000

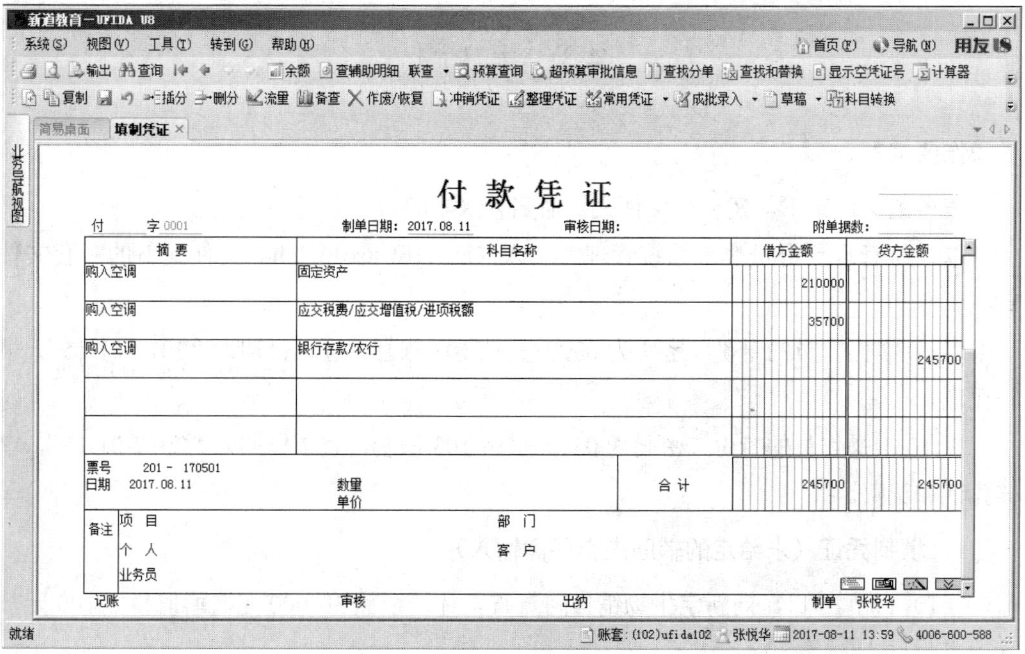

图 4-2　填制凭证

2．审核凭证

更换为操作员 1021，审核全部凭证。

3．记账

由操作员 1021 对已审核凭证进行记账。

4．输出账套

将操作结果输出至“考生文件夹\X4_02”文件夹中。

4.3 第 3 题

【操作要求】

在考生文件夹下新建一个文件夹，命名为 X4_03。

以系统管理员身份登录系统管理，引入 C:\2016U8soft\Unit4 文件夹下的账套文件 Y4_03。

以 1032 操作员的身份（密码为 032）登录 103 账套，登录日期为“2017-01-15”，填制凭证。

以 1031 操作员的身份（密码为 031）登录 103 账套，登录日期为“2017-01-15”，审核凭证和记账。

1．填制凭证（未给定的辅助内容不需输入）

（1）1 月 15 日，向新宇生物销售阿奇霉素片，金额 30 000 元，增值税 5 100 元，款项未收。

借：应收账款（1122）　　35 100

　　贷：主营业务收入（6001）　　30 000

　　　　应交税费/应交增值税/销项税额　　5 100

如图 4-3 所示。

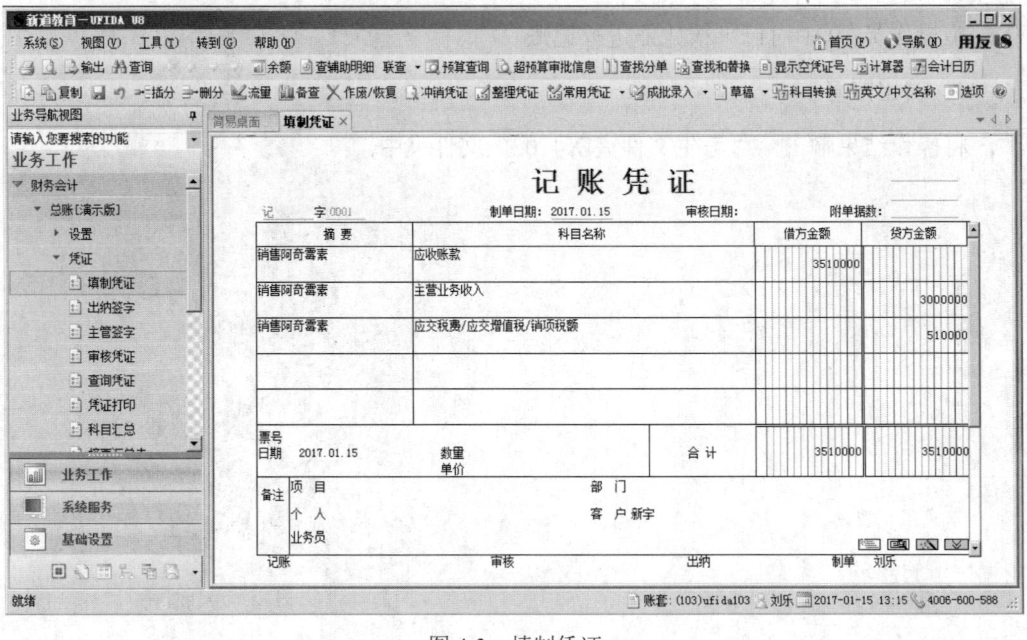

图 4-3　填制凭证

（2）1 月 15 日，财务部购入 A4 纸，现金支付 500 元。

借：管理费用/办公费（660202）　　500

　　贷：库存现金（1001）　　500

（3）1 月 15 日，总经办江维那报销差旅费 5 000 元，现金支付。

借：管理费用/差旅费（660201）　　5 000

　　贷：库存现金（1001）　　5 000

（4）1 月 15 日，领用原材料 10 000 元，用于生产阿奇霉素片。

借：生产成本/直接材料(500101)　　10 000

　　贷：原材料（1403）　　10 000

（5）1 月 15 日，收到新宇公司阿奇霉素片账款 35 100 元，票号 170503，存入银行。

借：银行存款（1002）　　35 100

　　贷：应收账款（1122）　　35 100

2．审核凭证

更换为操作员 1031，审核全部记账凭证。

3．记账

由操作员 1031 对已审核凭证进行记账。

4．输出账套

将操作结果输出至“考生文件夹\X4_03”文件夹中。

4.4 第 4 题

【操作要求】

在考生文件夹下新建一个文件夹，命名为 X4_04。

以系统管理员身份登录系统管理，引入 C:\2016U8soft\Unit4 文件夹下的账套文件 Y4_04。

以 1042 操作员的身份（密码为 042）登录 104 账套，登录日期为“2017-11-20”，填制凭证。

以 1041 操作员的身份（密码为 041）登录 104 账套，登录日期为“2017-11-20”，审核凭证和记账。

1. 填制凭证（未给定的辅助内容不需输入）

（1）11 月 20 日，从银行购买支票 100 元，工行转账支付。

借：财务费用（6603） 100

贷：银行存款/工行存款（100201） 100

（2）11 月 20 日，总经办赵新报销差旅费 1 500 元，退还现金 500 元。

借：管理费用/差旅费（660201） 1 500

库存现金（1001） 500

贷：其他应收款（1221） 2 000

如图 4-4 所示。

（3）11 月 20 日，销售商品一批，金额 120 000 元，增值税 20 400 元，转账支付，款项已存入工行。

借：银行存款/工行存款（100201） 140 400

贷：主营业务收入（6001） 120 000

应交税费/应交增值税/销项税额 20 400

（4）11 月 20 日，现金支付总经办电话费 800 元。

借：管理费用/通讯费（660202） 800

贷：库存现金（1001） 800

（5）11 月 20 日，从工行账户转账 45 000 元发放工资。

借：应付职工薪酬（2211） 45 000

贷：银行存款/工行存款（100201） 45 000

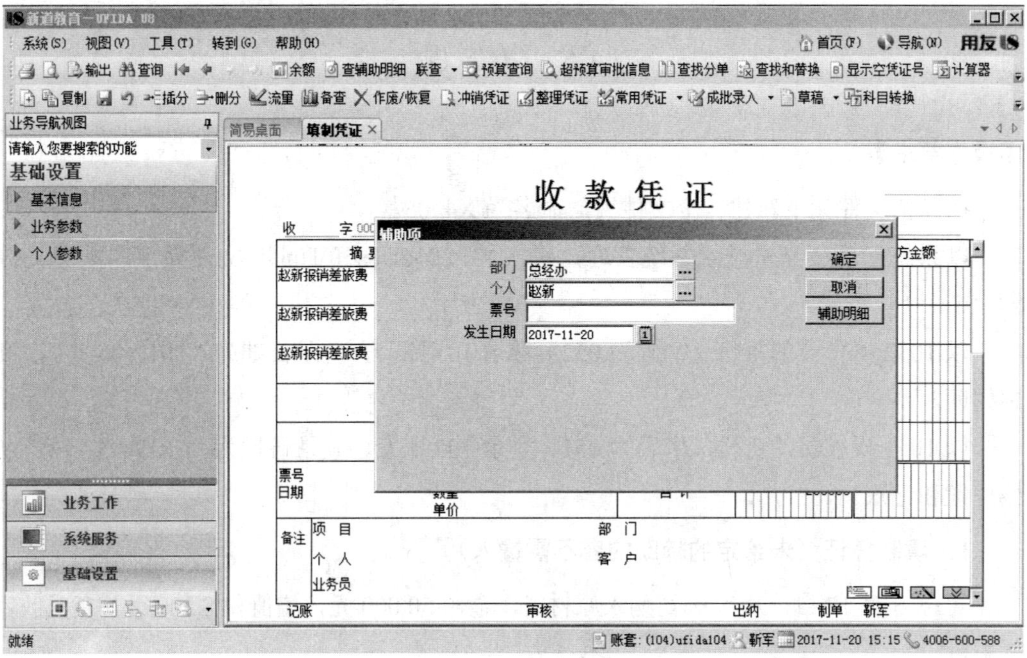

图 4-4　填制凭证

2．审核凭证

更换为操作员 1041，审核全部记账凭证。

3．记账

由操作员 1041 对已审核凭证进行记账。

4．输出账套

将操作结果输出至“考生文件夹\X4_04”文件夹中。

4.5 第 5 题

【操作要求】

在考生文件夹下新建一个文件夹，命名为 X4_05。

以系统管理员身份登录系统管理，引入 C:\2016U8soft\Unit4 文件夹下的账套文件 Y4_05。

以 1052 操作员的身份（密码为 052）登录 105 账套，登录日期为“2017-05-17”，填制凭证。

以 1051 操作员的身份（密码为 051）登录 105 账套，登录日期为“2017-05-17”，审核凭证和记账。

1．填制凭证（未给定的辅助内容不需输入）

（1）5 月 17 日，从 N 公司购入原材料，金额 50 000 元，增值税 8 500 元，货已收，款未付。

借：原材料（1403）　　50 000

　　应交税费/应交增值税/进项税额　　8 500

　　贷：应付账款（2202）　　58 500

（2）5 月 17 日，用农行账户发放工资 63 000 元。

借：应付职工薪酬（2211）　　63 000

　　贷：银行存款/农行（100201）　　63 000

（3）5 月 17 日，华联归还之前欠款 20 000 元，存入农行。

借：银行存款/农行（100201）　　20 000

　　贷：应收账款（1122）　　20 000

如图 4-5 所示。

（4）5 月 17 日，销售部刘丽报销差旅费 1 000 元，现金支付。

借：销售费用/差旅费（660101）　　1 000

　　贷：库存现金（1001）　　1 000

（5）5 月 17 日，财务部购入办公用品 2 000 元，现金支付。

借：管理费用/办公费（660201）　　2 000

　　贷：库存现金（1001）　　2 000

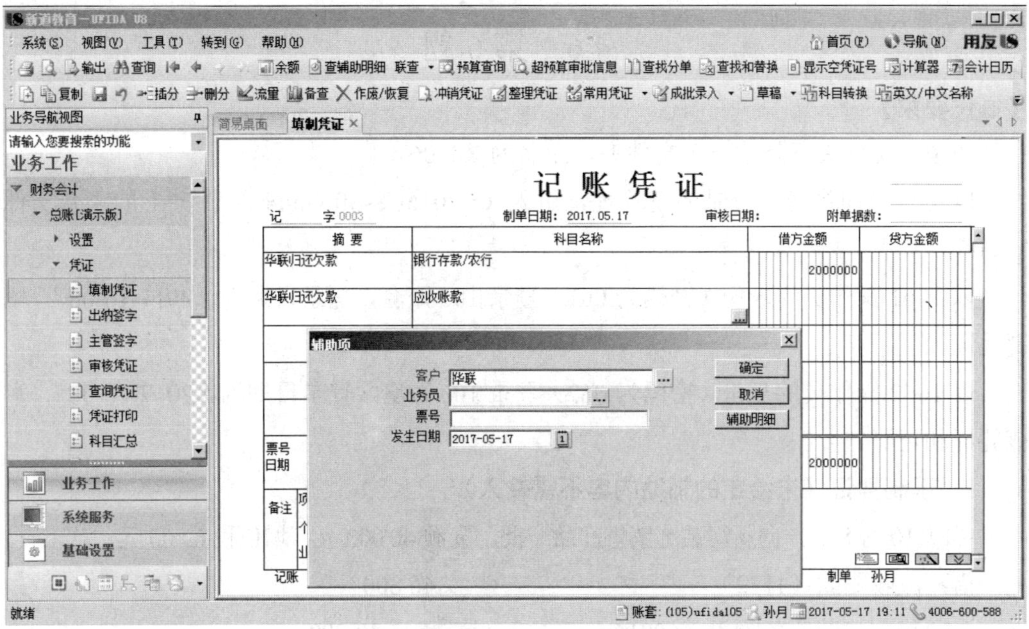

图 4-5　填制凭证

2. 审核凭证

更换为操作员 1051，审核全部记账凭证。

3. 记账

由操作员 1051 对已审核凭证进行记账。

4. 输出账套

将操作结果输出至“考生文件夹\X4_05”文件夹中。

4.6 第 6 题

【操作要求】

在考生文件夹下新建一个文件夹，命名为 X4_06。

以系统管理员身份登录系统管理，引入 C:\2016U8soft\Unit4 文件夹下的账套文件 Y4_06。

以 1061 操作员的身份（密码为 061）登录 106 账套，登录日期为“2017-10-08”，填制凭证。

以 1062 操作员的身份（密码为 062）登录 106 账套，登录日期为“2017-10-08”，审核凭证和记账。

1．填制凭证（未给定的辅助内容不需输入）

（1）10 月 8 日，向新河装饰销售产品一批，金额 40 000 元，增值税 6 800 元，款未收。

借：应收账款（1122） 46 800

　　贷：主营业务收入（6001） 40 000

　　　　应交税费/应交增值税/ 销项税额 6 800

（2）10 月 8 日，从工行提取备用金 10 000 元。

借：库存现金（1001） 10 000

　　贷：银行存款/工行（100201） 10 000

（3）10 月 8 日，销售工程物资混凝土 100 000 元，增值税 17 000 元，款已收，存入工行。

借：银行存款/工行（100201） 117 000

　　贷：其他业务收入（6051） 100 000

　　　　应交税费/应交增值税/销项税额 （22210101） 17 000

（4）10 月 8 日，总经办购入 A4 纸，金额 1 000 元，现金支付。

借：管理费用/办公费（660201） 1 000

　　贷：库存现金（1001） 1 000

（5）10 月 8 日，财务部刘涛报销差旅费 3 000 元，现金支付。

借：管理费用/差旅费（660202） 3 000

　　贷：库存现金（1001） 3 000

2．审核凭证

更换为操作员 1062，审核全部凭证。

3．记账

由操作员 1062 对已审核凭证进行记账。

4．输出账套

将操作结果输出至“考生文件夹\X4_06”文件夹中。

4.7　第 7 题

【操作要求】

在考生文件夹下新建一个文件夹，命名为 X4_07。

以系统管理员身份登录系统管理，引入 C:\2016U8soft\Unit4 文件夹下的账套文件 Y4_07。

以 1072 操作员的身份（密码为 072）登录 107 账套，登录日期为“2017-08-10”，填制凭证。

以 1071 操作员的身份（密码为 071）登录 107 账套，登录日期为“2017-08-10”，审核凭证和记账。

1．填制凭证（未给定的辅助内容不需输入）

（1）8 月 10 日，车间购买生产工具，金额 2 000 元，增值税 340 元，建行支付。

借：制造费用（5101）　2 000

　　应交税费/应交增值税/进项税额（22210101）　340

　　贷：银行存款/建行（100201）　2 340

（2）8 月 10 日，领用原材料 3 000 元用于生产餐桌。

借：生产成本/直接材料（500101）　3 000

　　贷：原材料（1403）　3 000

（3）8 月 10 日，计提总经办折旧费 200 元，计入管理费用。

借：管理费用/折旧费（660201）　200

　　贷：累计折旧（1602）　200

（4）8 月 10 日，收到有缘思公司还款 20 000 元，存入建行。

借：银行存款/建行（100201）　20 000

　　贷：应收账款（1122）　20 000

（5）8 月 10 日，购入空调柜机，金额 5 000 元，增值税 850 元，建行支付。

借：固定资产（1601）　5 000

　　应交税费/应交增值税/进项税额（22210101）　850

　　贷：银行存款/建行（100201）　5 850

2．审核凭证

更换为操作员 1071，审核全部记账凭证。

3．记账

由操作员 1071 对已审核凭证进行记账。

4．输出账套

将操作结果输出至“考生文件夹\X4_07”文件夹中。

4.8 第 8 题

【操作要求】

在考生文件夹下新建一个文件夹，命名为 X4_08。

以系统管理员身份登录系统管理，引入 C:\2016U8soft\Unit4 文件夹下的账套文件 Y4_08。

以 1082 操作员的身份（密码为 082）登录 108 账套，登录日期为“2017-02-16”，填制凭证。

以 1081 操作员的身份（密码为 081）登录 108 账套，登录日期为“2017-02-16”，审核凭证和记账。

1．填制凭证（未给定的辅助内容不需输入）

（1）2 月 16 日，从双西科技购入原材料 M，金额 30 000 元，增值税 5 100 元，款项未付。

借：原材料（1403） 30 000
　　应交税费/应交增值税/进项税额（22210101） 5 100
　　贷：应付账款（2202） 35 100

（2）2 月 16 日，销售葡萄糖注射液，金额 100 000 元，增值税 17 000 元，款项已存入银行。

借：银行存款（1002） 117 000
　　贷：主营业务收入（6001） 100 000
　　　　应交税费/应交增值税/销项税额 17 000

（3）2 月 16 日，总经办刘强报销差旅费 2 000 元，归还 1 000 元现金。

借：管理费用/差旅费（660201） 2 000
　　库存现金（1001） 1 000
　　贷：其他应收款（1221） 3 000

（4）2 月 16 日，归还原材料 M 欠款 35 100 元，开具支票支付，票号 Z0005。

借：应付账款（2202） 35 100
　　贷：银行存款（1002） 35 100

（5）2 月 16 日，提取现金 20 000 元，备发工资。

借：库存现金（1001） 20 000
　　贷：银行存款（1002） 20 000

2．审核凭证

更换为操作员 1081，审核全部记账凭证。

3．记账

由操作员 1081 对已审核凭证进行记账。

4．输出账套

将操作结果输出至“考生文件夹\X4_08”文件夹中。

4.9　第 9 题

【操作要求】

在考生文件夹下新建一个文件夹，命名为 X4_09。

以系统管理员身份登录系统管理，引入 C:\2016U8soft\Unit4 文件夹下的账套文件 Y4_09。

以 1092 操作员的身份（密码为 092）登录 109 账套，登录日期为“2017-07-10”，填制凭证。

以 1091 操作员的身份（密码为 091）登录 109 账套，登录日期为“2017-07-10”，审核凭证和记账。

1．填制凭证（未给定的辅助内容不需输入）

（1）7 月 10 日，收到米乐烟酒店 20 000 元还款，存入银行。

借：银行存款（1002）　　20 000

　　贷：应收账款（1122）　　20 000

（2）7 月 10 日，销售可乐商品一批，金额 12 000 元，增值税 2 040 元，款项已收存入银行。

借：银行存款（1002）　　14 040

　　贷：主营业务收入（6001）　　12 000

　　　　应交税费/应交增值税/销项税额（22010102）　　2 040

（3）7 月 10 日，总经办李文山报销差旅费 5 000 元，银行转账支付。

借：管理费用/差旅费（660201）　　5 000

　　贷：银行存款（1002）　　5 000

（4）7 月 10 日，提取现金 10 000 元。

借：库存现金（1001）　　10 000

　　贷：银行存款（1002）　　10 000

（5）7 月 10 日，销售部报销业务招待费 2 000 元，现金支付。

借：销售费用/招待费（660101）　　2 000

　　贷：库存现金（1001）　　2 000

2．审核凭证

更换为操作员 1091，审核全部记账凭证。

3．记账

由操作员 1091 对已审核凭证进行记账。

4．输出账套

将操作结果输出至“考生文件夹\X4_09”文件夹中。

4.10 第10题

【操作要求】

在考生文件夹下新建一个文件夹，命名为X4_10。

以系统管理员身份登录系统管理，引入C:\2016U8soft\Unit4文件夹下的账套文件Y4_10。

以1102操作员的身份（密码为102）登录110账套，登录日期为“2017-03-20”，填制凭证。

以1101操作员的身份（密码为101）登录110账套，登录日期为“2017-03-20”，审核凭证和记账。

1．填制凭证（未给定的辅助内容不需输入）

（1）3月20日，购入需要安装的制冷系统20 000元，增值税3 400元，款项转账支付。

借：在建工程（1604）　　20 000

　　应交税费/应交增值税/进项税额（22210102）　　3 400

　　贷：银行存款（1002）　　23 400

（2）3月20日，领用原材料30 000元，用于生产不锈钢脚手架。

借：生产成本/直接材料（500101）　　30 000

　　贷：原材料（1403）　　30 000

（3）3月20日，车间购入打印机一台，金额5 000元，增值税870元，现金支付。

借：固定资产（1601）　　5 000

　　应交税费/应交增值税/进项税额　　870

　　贷：库存现金（1001）　　5 870

（4）3月20日，偿还中南集团欠款10 000元，转账支付，票号Z002。

借：应付账款（2202）　　10 000

　　贷：银行存款（1002）　　10 000

（5）3月20日，发放总经办人员工资8 000元，银行转账支付。

借：应付职工薪酬/工资（221102）　　8 000

　　贷：银行存款（1002）　　8 000

2．审核凭证

更换为操作员1101，审核全部凭证。

3．记账

由操作员1101对已审核凭证进行记账。

4．输出账套

将操作结果输出至“考生文件夹\X4_10”文件夹中。

4.11　第 11 题

【操作要求】

在考生文件夹下新建一个文件夹，命名为 X4_11。

以系统管理员身份登录系统管理，引入 C:\2016U8soft\Unit4 文件夹下的账套文件 Y4_11。

以 1112 操作员的身份（密码为 112）登录 111 账套，登录日期为“2017-04-20”，填制凭证。

以 1111 操作员的身份（密码为 111）登录 111 账套，登录日期为“2017-04-20”，审核凭证和记账。

1．填制凭证（未给定的辅助内容不需输入）

（1）4 月 20 日，盘点库存商品，发现缺少 5 件，价值 15 000 元。

借：待处理财产损益（1901）　　15 000

　　贷：库存商品（1405）　　15 000

（2）4 月 20 日，将盘亏库存商品计入管理费用。

借：管理费用（6602）　　15 000

　　贷：待处理财产损益（1901）　　15 000

（3）4 月 20 日，销售原材料一批，金额 20 000 元，税额 3 400 元，款项已存入工行账户。

借：银行存款/工行（100201）　　23 400

　　贷：其他业务收入（6051）　　20 000

　　　　应交税费/应交增值税/销项税　　3 400

（4）4 月 20 日，销售一部报销业务招待费 3 000 元，现金支付。

借：销售费用/招待费（660101）　　3 000

　　贷：库存现金（1001）　　3 000

（5）4 月 20 日，销售二部报销差旅费 5 000 元，现金支付。

借：销售费用/差旅费（660102）　　5 000

　　贷：库存现金（1001）　　5 000

2．审核凭证

更换为操作员 1111，审核全部记账凭证。

3．记账

由操作员 1111 对已审核凭证进行记账。

4．输出账套

将操作结果输出至“考生文件夹\X4_11”文件夹中。

4.12 第 12 题

【操作要求】

在考生文件夹下新建一个文件夹，命名为 X4_12。

以系统管理员身份登录系统管理，引入 C:\2016U8soft\Unit4 文件夹下的账套文件 Y4_12。

以 1122 操作员的身份（密码为 122）登录 112 账套，登录日期为“2017-05-20”，填制凭证。

以 1121 操作员的身份（密码为 121）登录 112 账套，登录日期为“2017-05-20”，审核凭证和记账。

1．填制凭证（未给定的辅助内容不需输入）

（1）5 月 20 日，为在建工程购入木材，金额 40 000 元，增值税 6 800 元，转账支付。

借：工程物资（1605）　　40 000

　　应交税费/应交增值税/进项税额　　6 800

　　贷：银行存款（1002）　　46 800

（2）5 月 20 日，购入空调一批，金额 17 000 元，增值税 2 890 元，转账支付。

借：固定资产（1601）　　17 000

　　应交税费/应交增值税/进项税额　　2 890

　　贷：银行存款（1002）　　19 890

（3）5 月 20 日，提取现金 50 000 元，备发工资。

借：库存现金（1001）　　50 000

　　贷：银行存款（1002）　　50 000

（4）5 月 20 日，利福集团转账还款 20 000 元。

借：银行存款（1002）　　20 000

　　贷：应收账款（1122）　　20 000

（5）5 月 20 日，计提总经办工资 30 000 元，计入管理费用。

借：管理费用/工资（660201）　　30 000

　　贷：应付职工薪酬（221101）　　30 000

2．审核凭证

更换为操作员 1121，审核全部记账凭证。

3．记账

由操作员 1121 对已审核凭证进行记账。

4．输出账套

将操作结果输出至“考生文件夹\X4_12”文件夹中。

4.13 第 13 题

【操作要求】

在考生文件夹下新建一个文件夹，命名为 X4_13。

以系统管理员身份登录系统管理，引入 C:\2016U8soft\Unit4 文件夹下的账套文件 Y4_13。

以 1132 操作员的身份（密码为 132）登录 113 账套，登录日期为“2017-06-20”，填制凭证。

以 1131 操作员的身份（密码为 131）登录 113 账套，登录日期为“2017-06-20”，审核凭证和记账。

1．填制凭证（未给定的辅助内容不需输入）

（1）6 月 20 日，向麦迪科技销售罗兰电脑，金额 80 000 元，增值税 13 600 元，款项未收。

借：应收账款（1122） 93 600

贷：主营业务收入（6001） 80 000

应交税费/应交增值税/销项税额 13 600

（2）6 月 20 日，总经办赵晓倩预借差旅费 3 000 元，现金支付。

借：其他应收款（1221） 3 000

贷：库存现金（1001） 3 000

（3）6 月 20 日，计提总经办固定资产折旧 1 522 元，计入管理费用。

借：管理费用/折旧费（660201） 1 522

贷：累计折旧（1602） 1 522

（4）6 月 20 日，向银行借入短期借款 100 000 元，存入农行。

借：银行存款/农行（100201） 100 000

贷：短期借款（2001） 100 000

（5）6 月 20 日，购买原材料 30 000 元，增值税 5 100 元，农行转账支票支付（票号 Z003）。

借：原材料（1403） 30 000

应交税费/应交增值税/进项税额 5 100

贷：银行存款/农行（100201） 35 100

2．审核凭证

更换为操作员 1131，审核全部记账凭证。

3．记账

由操作员 1131 对已审核凭证进行记账。

4．输出账套

将操作结果输出至“考生文件夹\X4_13”文件夹中。

4.14 第 14 题

【操作要求】

在考生文件夹下新建一个文件夹，命名为 X4_14。

以系统管理员身份登录系统管理，引入 C:\2016U8soft\Unit4 文件夹下的账套文件 Y4_14。

以 1142 操作员的身份（密码为 142）登录 114 账套，登录日期为“2017-07-20”，填制凭证。

以 1141 操作员的身份（密码为 141）登录 114 账套，登录日期为“2017-07-20”，审核凭证和记账。

1．填制凭证（未给定的辅助内容不需输入）

（1）7 月 20 日，从农行账户提取备用金 20 000 元。

借：库存现金（1001） 20 000

贷：银行存款/农行（100201） 20 000

（2）7 月 20 日，总经办张倩报销差旅费 3 000 元，现金支付。

借：管理费用/差旅费（660201） 3 000

贷：库存现金（1001） 3 000

（3）7 月 20 日，购买需要安装的制冷系统，金额 20 000 元，增值税 3 400 元，农行转账支付。

借：在建工程（1604） 20 000

应交税费/应交增值税/进项税额 3 400

贷：银行存款/农行（100201） 23 400

（4）7 月 20 日，计提总经办固定资产折旧 500 元，计入管理费用。

借：管理费用/折旧费（660202） 500

贷：累计折旧（1602） 500

（5）7 月 20 日，领用原材料 50 000 元，用于生产血压仪。

借：生产成本/直接材料（500101） 50 000

贷：原材料（1403） 50 000

2．审核凭证

更换为操作员 1141，审核全部记账凭证。

3．记账

由操作员 1141 对已审核凭证进行记账。

4．输出账套

将操作结果输出至“考生文件夹\X4_14”文件夹中。

4.15　第 15 题

【操作要求】

在考生文件夹下新建一个文件夹，命名为 X4_15。

以系统管理员身份登录系统管理，引入 C:\2016U8soft\Unit4 文件夹下的账套文件 Y4_15。

以 1152 操作员的身份（密码为 152）登录 115 账套，登录日期为“2017-08-20”，填制凭证。

以 1151 操作员的身份（密码为 151）登录 115 账套，登录日期为“2017-08-20”，审核凭证和记账。

1．填制凭证（未给定的辅助内容不需输入）

（1）8 月 20 日，销售原材料一批，金额 30 000 元，增值税 5 100 元，款项已收存入招行。

借：银行存款/招行（100201）　35 100

　　贷：其他业务收入（6051）　30 000

　　　　应交税费/应交增值税/销项税额　5 100

（2）8 月 20 日，招行转账支付樊雨公司欠款 30 000 元，票号 Z003。

借：应付账款（2202）　30 000

　　贷：银行存款/招行（100201）　30 000

（3）8 月 20 日，销售部报销招待费用 2 700 元，现金支付。

借：销售费用/招待费（660101）　2 700

　　贷：库存现金（1001）　2 700

（4）8 月 20 日， 采购部购入办公用品 500 元，现金支付。

借：管理费用/办公费（660201）　500

　　贷：库存现金（1001）　500

（5）8 月 20 日，从招行账户转账 50 000 元发放工资。

借：应付职工薪酬（2211）　50 000

　　贷：银行存款/招行（100201）　50 000

2．审核凭证

更换为操作员 1151，审核全部记账凭证。

3．记账

由操作员 1151 对已审核凭证进行记账。

4．输出账套

将操作结果输出至“考生文件夹\X4_15”文件夹中。

4.16 第 16 题

【操作要求】

在考生文件夹下新建一个文件夹，命名为 X4_16。

以系统管理员身份登录系统管理，引入 C:\2016U8soft\Unit4 文件夹下的账套文件 Y4_16。

以 1162 操作员的身份（密码为 162）登录 116 账套，登录日期为“2017-09-10”，填制凭证。以 1161 操作员的身份（密码为 161）登录 116 账套，登录日期为“2017-09-10”，审核凭证和记账。

1．填制凭证（未给定的辅助内容不需输入）

（1）9 月 10 日，采购原材料，金额 60 000 元，增值税 10 200 元，工行转账支付（票号 Z004）。

借：原材料（1403） 60 000
　　应交税费/应交增值税/进项税额 10 200
　　贷：银行存款/工行（100201） 70 200

（2）9 月 10 日，财务部购买发票 200 元，现金支付。

借：财务费用（6603） 200
　　贷：库存现金（1001） 200

（3）9 月 10 日，总经办陆欣报销差旅费 3 000 元，返还 2 000 元。

借：管理费用/差旅费（660201） 3 000
　　库存现金（1001） 2 000
　　贷：其他应收款（1221） 5 000

（4）9 月 10 日，为职工幼儿园（A 楼）购入需要安装的净水系统，金额 20 000 元，增值税 3 400 元，工行转账支付。

借：在建工程（1604） 20 000
　　应交税费/应交增值税/进项税额 3 400
　　贷：银行存款（100201） 23 400

（5）9 月 10 日，计提总经办员工工资 3 000 元，计入管理费用。

借：管理费用/工资（660202） 3 000
　　贷：应付职工薪酬（2211） 3 000

2．审核凭证

更换为操作员 1161，审核全部记账凭证。

3．记账

由操作员 1161 对已审核凭证进行记账。

4．输出账套

将操作结果输出至“考生文件夹\X4_16”文件夹中。

4.17　第 17 题

【操作要求】

在考生文件夹下新建一个文件夹，命名为 X4_17。

以系统管理员身份登录系统管理，引入 C:\2016U8soft\Unit3 文件夹下的账套文件 Y4_17。

以 1172 操作员的身份（密码为 172）登录 117 账套，登录日期为“2017-10-20”，填制凭证。

以 1171 操作员的身份（密码为 171）登录 117 账套，登录日期为“2017-10-20”，审核凭证和记账。

1．填制凭证（未给定的辅助内容不需输入）

（1）10 月 20 日，领用原材料用于生产真丝牡丹产品，金额 50 000 元。

借：生产成本/直接材料（500101）　　50 000

　　贷：原材料（1403）　　50 000

（2）10 月 20 日，向科信公司销售纯棉菊花产品，金额 140 000 元，增值税 23 800 元，款未收。

借：应收账款（1122）　　163 800

　　贷：主营业务收入（6001）　　140 000

　　　　应交税费/应交增值税/销项税额　　23 800

（3）10 月 20 日，现金支付财务部通讯费 500 元。

借：管理费用/通讯费（660201）　　500

　　贷：库存现金（1001）　　500

（4）10 月 20 日，总经办报销业务招待费 1 800 元，现金支付。

借：销售费用/招待费（660101）　　1 800

　　贷：库存现金（1001）　　1 800

（5）10 月 20 日，银行账户发放工人工资 30 000 元。

借：应付职工薪酬（2211）　　30 000

　　贷：银行存款（1002）　　30 000

2．审核凭证

更换为操作员 1171，审核全部记账凭证。

3．记账

由操作员 1171 对已审核凭证进行记账。

4．输出账套

将操作结果输出至“考生文件夹\X4_17”文件夹中。

4.18 第 18 题

【操作要求】

在考生文件夹下新建一个文件夹，命名为 X4_18。

以系统管理员身份登录系统管理，引入 C:\2016U8soft\Unit3 文件夹下的账套文件 Y4_18。

以 1182 操作员的身份（密码为 182）登录 118 账套，登录日期为“2017-11-10”，填制凭证。

以 1181 操作员的身份（密码为 181）登录 118 账套，登录日期为“2017-11-10”，审核凭证和记账。

1．填制凭证（未给定的辅助内容不需输入）

（1）11 月 10 日，提取备用金 30 000 元。

借：库存现金（1001） 30 000

　　贷：银行存款/建行（100201） 30 000

（2）11 月 10 日，购入工程物资水泥，金额 12 000 元，增值税 2 040 元，建行转账支付。

借：工程物资（1605） 12 000

　　应交税费/应交增值税/进项税额 2 040

　　贷：银行存款/建行（100201） 14 040

（3）11 月 20 日，购入原材料，金额 50 000 元，增值税 8 500 元，建行支付，货物尚在途中。

借：在途物资（1402） 50 000

　　应交税费/应交增值税/进项税额 8 500

　　贷：银行存款/建行（100201） 58 500

（4）11 月 10 日， 采购部报销通讯费 400 元，现金支付。

借：管理费用/通讯费（660201） 400

　　贷：库存现金（1001） 400

（5）11 月 10 日，计提采购部固定资产折旧 488 元，计入管理费用。

借：管理费用/折旧费（660202） 488

　　贷：累计折旧（1602） 488

2．审核凭证

更换为操作员 1181，审核全部记账凭证。

3．记账

由操作员 1181 对已审核凭证进行记账。

4．输出账套

将操作结果输出至“考生文件夹\X4_18”文件夹中。

4.19　第 19 题

【操作要求】

在考生文件夹下新建一个文件夹，命名为 X4_19。

以系统管理员身份登录系统管理，引入 C:\2016U8soft\Unit3 文件夹下的账套文件 Y4_19。

以 1192 操作员的身份（密码为 192）登录 119 账套，登录日期为“2017-12-20”，填制凭证。

以 1191 操作员的身份（密码为 191）登录 119 账套，登录日期为“2017-12-20”，审核凭证和记账。

1．填制凭证（未给定的辅助内容不需输入）

（1）12 月 20 日，计提 4 平方线缆的工人工资 50 000 元。

借：生产成本/直接人工（500102）　　50 000
　　贷：应付职工薪酬（2211）　　50 000

（2）12 月 20 日，销售 4 平方线缆，金额 70 000 元，增值税 11 900 元，款项银行已收。

借：银行存款（1002）　　81 900
　　贷：主营业务收入（6001）　　70 000
　　　　应交税费/应交增值税/销项税额　　11 900

（3）12 月 20 日，支付工人工资 50 000 元，银行转账支付。

借：应付职工薪酬（2211）　　50 000
　　贷：银行存款（1002）　　50 000

（4）12 月 20 日，总经办购入 A4 纸 1 000 元，现金支付。

借：管理费用/办公费（660201）　　1 000
　　贷：库存现金（1001）　　1 000

（5）12 月 20 日，孙静报销差旅费 3 000 元，退还 2 000 元。

借：管理费用/差旅费（660202）　　3 000
　　库存现金（1001）　　2 000
　　贷：其他应收款（1221）　　5 000

2．审核凭证

更换为操作员 1191，审核全部记账凭证。

3．记账

由操作员 1191 对已审核凭证进行记账。

4．输出账套

将操作结果输出至“考生文件夹\X4_19”文件夹中。

4.20 第 20 题

【操作要求】

在考生文件夹下新建一个文件夹，命名为 X4_20。

以系统管理员身份登录系统管理，引入 C:\2016U8soft\Unit3 文件夹下的账套文件 Y4_20。

以 1202 操作员的身份（密码为 202）登录 120 账套，登录日期为“2017-01-01”，填制凭证。

以 1201 操作员的身份（密码为 201）登录 120 账套，登录日期为“2017-01-01”，审核凭证和记账。

1．填制凭证（未给定的辅助内容不需输入）

（1）1 月 8 日，从珍宝商贸购入原材料一批，金额 80 000 元，增值税 13 600 元，款未付。

借：原材料（1403）　　80 000

　　应交税费/应交增值税/进项税额　　13 600

　　贷：应付账款（2202）　　93 600

（2）1 月 8 日，销售碎花连衣裙一批，金额 100 000 元，增值税 17 000 元，款项已存农行。

借：银行存款/农行（100201）　　117 000

　　贷：主营业务收入（6001）　　100 000

　　　　应交税费/应交增值税/销项税额　　17 000

（3）1 月 8 日，提取现金 20 000 元。

借：库存现金（1001）　　20 000

　　贷：银行存款/农行（100201）　　20 000

（4）1 月 8 日，计提销售部折旧费 600 元。

借：管理费用/折旧费（660101）　　600

　　贷：累计折旧（1602）　　600

（5）1 月 8 日，农行发放职工工资 54 000 元。

借：应付职工薪酬（2211）　　54 000

　　贷：银行存款/农行（100201）　　54 000

2．审核凭证

更换为操作员 1201，审核全部凭证。

3．记账

由操作员 1201 对已审核凭证进行记账。

4．输出账套

将操作结果输出至“考生文件夹\X4_20”文件夹中。

第 5 单元　总账期末处理

5.1　第 1 题

【操作要求】

在考生文件夹下新建一个文件夹，命名为 X5_01。

以系统管理员身份登录系统管理，引入 C:\2016U8soft\Unit5 文件夹下的账套文件 Y5_01。

以 1012 操作员的身份（密码为 012）登录 101 账套，登录日期为“2017-01-31”，自定义转账凭证并生成凭证。

以 1011 操作员的身份（密码为 011）登录 101 账套，登录日期为“2017-01-31”，对生成的自定义凭证进行审核、记账。

1．自定义转账凭证

按短期借款期初余额的 6%计提短期借款利息，如图 5-1 所示。

借：财务费用（6603）　　　　QC（2001,月）*0.06/12

　　贷：应付利息（2231）　　　　　　　　　　JG（）

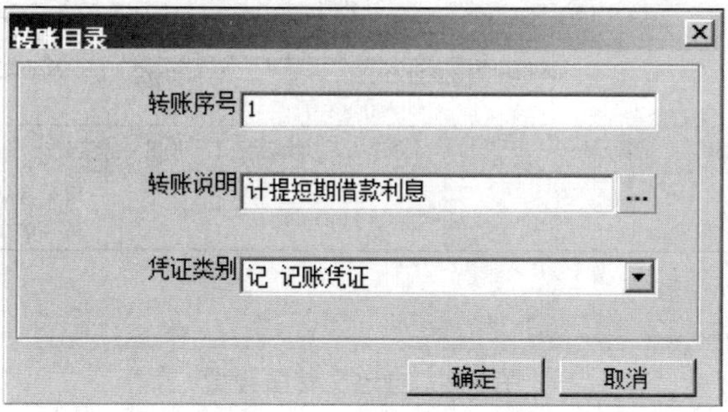

图 5-1　转账目录

2．生成自定义凭证

生成计提短期借款利息的凭证并保存。

借：财务费用（6603）　　　　250

　　贷：应付利息（2231）　　　　250

3．对自定义凭证进行审核记账

更换为 1011 操作员，将以上自定义凭证审核、记账。

4．输出账套

将操作结果输出至“考生文件夹\X5_01”文件夹中。

5.2 第 2 题

【操作要求】

在考生文件夹下新建一个文件夹，命名为 X5_02。

以系统管理员身份登录系统管理，引入 C:\2016U8soft\Unit5 文件夹下的账套文件 Y5_02。

以 1022 操作员的身份（密码为 022）登录 102 账套，登录日期为“2017-08-31”，自定义转账凭证并生成凭证。

以 1021 操作员的身份（密码为 021）登录 102 账套，登录日期为“2017-08-31”，对生成的自定义凭证进行审核、记账。

1．自定义转账凭证

按固定资产期初余额的 5%计提折旧费，计入制造费用。

借：制造费用（5101） JG()

贷：累计折旧（1602） QC(1601,月,借)*0.05

如图 5-2 所示。

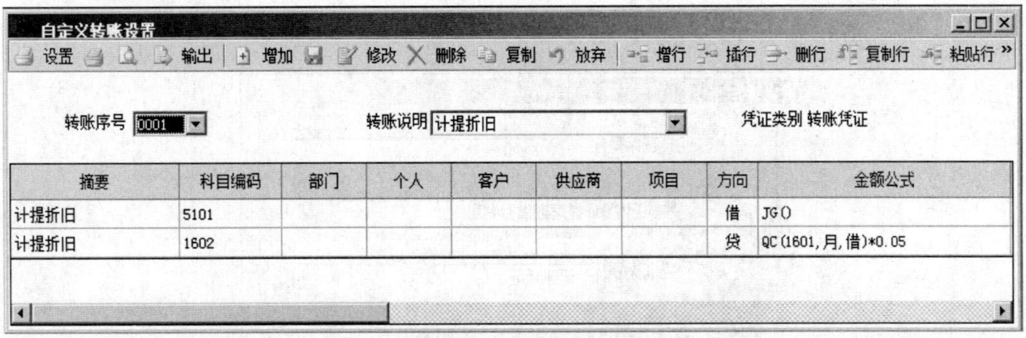

图 5-2 自定义转账设置

2．生成自定义凭证

生成计提折旧费的凭证并保存。

借：制造费用（5101） 4 400

贷：累计折旧（1602） 4 400

3．对自定义凭证进行审核记账

更换为 1021 操作员，将以上自定义凭证审核、记账。

4．输出账套

将操作结果输出至“考生文件夹\X5_02”文件夹中。

5.3　第 3 题

【操作要求】

在考生文件夹下新建一个文件夹，命名为 X5_03。

以系统管理员身份登录系统管理，引入 C:\2016U8soft\Unit5 文件夹下的账套文件 Y5_03。

以 1032 操作员的身份（密码为 032）登录 103 账套，登录日期为“2017-01-31”，自定义转账凭证并生成凭证。

以 1031 操作员的身份（密码为 031）登录 103 账套，登录日期为“2017-01-31”，对生成的自定义凭证进行审核、记账。

1．自定义转账凭证

按短期借款期初余额的 7%计提短期借款利息。

借：财务费用（6603）　　　　　JG()

　　贷：应付利息（2231）　　　　　QC(2001,月)*0.07/12

2．生成自定义凭证

生成短期借款利息的凭证并保存，如图 5-3 所示。

借：财务费用（6603）　　　　　　　408.33

　　贷：应付利息（2231）　　　　　　　408.33

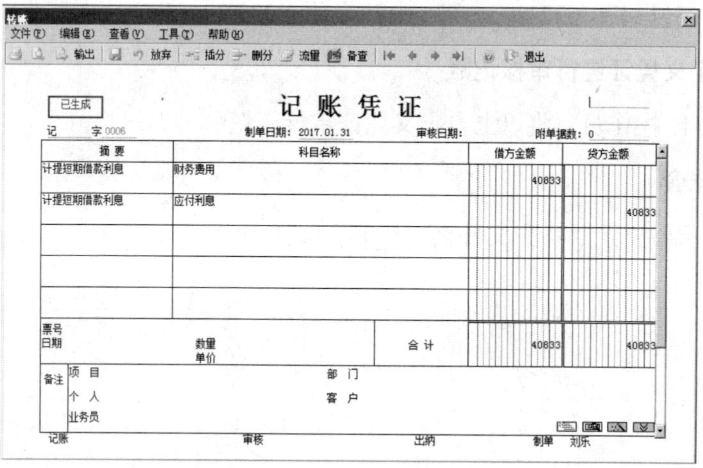

图 5-3　生成自定义凭证

3．对自定义凭证进行审核记账

更换为 1031 操作员，将以上自定义凭证审核、记账。

4．输出账套

将操作结果输出至“考生文件夹\X5_03”文件夹中。

5.4　第 4 题

【操作要求】

在考生文件夹下新建一个文件夹，命名为 X5_04。

以系统管理员身份登录系统管理，引入 C:\2016U8soft\Unit5 文件夹下的账套文件 Y5_04。

以 1042 操作员的身份（密码为 042）登录 104 账套，登录日期为“2017-11-30”，自定义转账凭证并生成凭证。

以 1041 操作员的身份（密码为 041）登录 104 账套，登录日期为“2017-11-30”，对生成的自定义凭证进行审核、记账。

1．自定义转账凭证

按长期借款期初余额的 8%计提长期借款利息。

借：财务费用（6603）　　　　JG()

　　贷：应付利息（2231）　　　　QC(2501,月)*0.08/12

2．生成自定义凭证

生成计提长期借款利息的凭证并保存。

借：财务费用（6603）　　　　1 333.33

　　贷：应付利息（2231）　　　　1 333.33

3．对自定义凭证进行审核记账

更换为 1041 操作员，将以上自定义凭证审核、记账。

4．输出账套

将操作结果输出至“考生文件夹\X5_04”文件夹中。

5.5　第 5 题

【操作要求】

在考生文件夹下新建一个文件夹，命名为 X5_05。

以系统管理员身份登录系统管理，引入 C:\2016U8soft\Unit5 文件夹下的账套文件 Y5_05。

以 1052 操作员的身份（密码为 052）登录 105 账套，登录日期为“2017-05-31”，自定义转账凭证并生成凭证。

以 1051 操作员的身份（密码为 051）登录 105 账套，登录日期为“2017-05-31”，对生成的自定义凭证进行审核、记账。

1．自定义转账凭证

按固定资产期初余额的 5%计提折旧费，计入管理费用。

借：管理费用/折旧费（660202）　　JG()

　　贷：累计折旧　（1602）　　QC(1601,月)*0.05

2．生成自定义凭证

生成计提折旧费的凭证并保存。

借：管理费用/折旧费（660202）　　5 000

　　贷：累计折旧　（1602）　　5 000

3．对自定义凭证进行审核记账

更换为 1051 操作员，将以上自定义凭证审核、记账。

4．输出账套

将操作结果输出至“考生文件夹\X5_05”文件夹中。

5.6 第6题

【操作要求】

在考生文件夹下新建一个文件夹，命名为 X5_06。

以系统管理员身份登录系统管理，引入 C:\2016U8soft\Unit5 文件夹下的账套文件 Y5_06。

以 1062 操作员的身份（密码为 062）登录 106 账套，登录日期为“2017-10-31”，自定义转账凭证并生成凭证。

以 1061 操作员的身份（密码为 061）登录 106 账套，登录日期为“2017-10-31”，对生成的自定义凭证进行审核、记账。

1．自定义转账凭证

按短期借款期初余额的 8%计提短期借款利息。

借：财务费用（6603）　　JG()

　　贷：应付利息（2231）　　QC(2001,月)*0.08/12

2．生成自定义凭证

生成计提短期借款利息的凭证并保存。

借：财务费用（6603）　　1 000

　　贷：应付利息（2231）　　1 000

3．对自定义凭证进行审核记账

更换为 1061 操作员，将以上自定义凭证审核、记账。

4．输出账套

将操作结果输出至“考生文件夹\X5_06”文件夹中。

5.7　第 7 题

【操作要求】

在考生文件夹下新建一个文件夹，命名为 X5_07。

以系统管理员身份登录系统管理，引入 C:\2016U8soft\Unit5 文件夹下的账套文件 Y5_07。

以 1072 操作员的身份（密码为 072）登录 107 账套，登录日期为“2017-08-31”，自定义转账凭证并生成凭证。

以 1071 操作员的身份（密码为 071）登录 107 账套，登录日期为“2017-08-31”，对生成的自定义凭证进行审核、记账。

1．自定义转账凭证

按长期借款期初余额的 6%计提长期借款利息。

借：财务费用（6603）　　　　　　JG()

　　贷：应付利息（2231）　　　　　　QC(2501,月)*0.06/12

2．生成自定义凭证

生成计提长期借款利息的凭证并保存。

借：财务费用（6603）　　　　　　600

　　贷：应付利息（2231）　　　　　　600

3．对自定义凭证进行审核记账

更换为 1071 操作员，将以上自定义凭证审核、记账。

4．输出账套

将操作结果输出至“考生文件夹\X5_07”文件夹中。

5.8 第 8 题

【操作要求】

在考生文件夹下新建一个文件夹，命名为 X5_08。

以系统管理员身份登录系统管理，引入 C:\2016U8soft\Unit5 文件夹下的账套文件 Y5_08。

以 1082 操作员的身份（密码为 082）登录 108 账套，登录日期为“2017-02-28”，自定义转账凭证并生成凭证。

以 1081 操作员的身份（密码为 081）登录 108 账套，登录日期为“2017-02-28”，对生成的自定义凭证进行审核、记账。

1．自定义转账凭证

按固定资产期初余额的 5%计提折旧费，计入制造费用。

借：制造费用（5101）　　　　JG()

　　贷：累计折旧（1602）　　　　QC(1601,月)*0.05

2．生成自定义凭证

生成计提折旧费的凭证并保存。

借：制造费用（5101）　　　　5 000

　　贷：固定资产（1601）　　　　5 000

3．对自定义凭证进行审核记账

更换为 1081 操作员，将以上自定义凭证审核、记账。

4．输出账套

将操作结果输出至“考生文件夹\X5_08”文件夹中。

5.9　第 9 题

【操作要求】

在考生文件夹下新建一个文件夹，命名为 X5_09。

以系统管理员身份登录系统管理，引入 C:\2016U8soft\Unit5 文件夹下的账套文件 Y5_09。

以 1092 操作员的身份（密码为 092）登录 109 账套，登录日期为“2017-7-31”，自定义转账凭证并生成凭证。

以 1091 操作员的身份（密码为 091）登录 109 账套，登录日期为“2017-07-31”，对生成的自定义凭证进行审核、记账。

1．自定义转账凭证

按短期借款期初余额的 8.5%计提短期借款利息。

借：财务费用（6603）　　　　　　JG()

　　贷：应付利息（2231）　　　　　　QC(2001,月)*0.085/12

2．生成自定义凭证

生成计提短期借款利息的凭证并保存。

借：财务费用（6603）　　　　　　708.33

　　贷：应付利息（2231）　　　　　　708.33

3．对自定义凭证进行审核记账

更换为 1091 操作员，将以上自定义凭证审核、记账。

4．输出账套

将操作结果输出至“考生文件夹\X5_09”文件夹中。

5.10 第 10 题

【操作要求】

在考生文件夹下新建一个文件夹，命名为 X5_10。

以系统管理员身份登录系统管理，引入 C:\2016U8soft\Unit5 文件夹下的账套文件 Y5_10。

以 1102 操作员的身份（密码为 102）登录 110 账套，登录日期为“2017-03-31”，自定义转账凭证并生成凭证。

以 1101 操作员的身份（密码为 101）登录 110 账套，登录日期为“2017-03-31”，对生成的自定义凭证进行审核、记账。

1．自定义转账凭证

按应付职工薪酬/工资月工资发生总额的 14%计提总经办福利费。

借：管理费用/福利费（660202） JG()

贷：应付职工薪酬/福利费（221101） FS(221102,月,借)*0.14

2．生成自定义凭证

生成计提福利费的凭证并保存。

借：管理费用/福利费（660202） 1 120

贷：应付职工薪酬/福利费 （221101） 1 120

3．对自定义凭证进行审核记账

更换为 1101 操作员，将以上自定义凭证审核、记账。

4．输出账套

将操作结果输出至“考生文件夹\X5_10”文件夹中。

5.11　第 11 题

【操作要求】

在考生文件夹下新建一个文件夹，命名为 X5_11。

以系统管理员身份登录系统管理，引入 C:\2016U8soft\Unit5 文件夹下的账套文件 Y5_11。

以 1112 操作员的身份（密码为 112）登录 111 账套，登录日期为“2017-04-30”，自定义转账凭证并生成凭证。

以 1111 操作员的身份（密码为 111）登录 111 账套，登录日期为“2017-04-30”，对生成的自定义凭证进行审核、记账。

1．自定义转账凭证

按短期借款期初余额的 8%计提短期借款利息。

借：财务费用（6603）　　JG()

　　贷：应付利息（2231）　　QC(2001,月)*0.08/12

2．生成自定义凭证

生成计提短期借款利息的凭证并保存。

借：财务费用（6603）　　1 333.33

　　贷：应付利息（2231）　　1 333.33

3．对自定义凭证进行审核记账

更换为 1111 操作员，将以上自定义凭证审核、记账。

4．输出账套

将操作结果输出至“考生文件夹\X5_11”文件夹中。

5.12 第 12 题

【操作要求】

在考生文件夹下新建一个文件夹，命名为 X5_12。

以系统管理员身份登录系统管理，引入 C:\2016U8soft\Unit5 文件夹下的账套文件 Y5_12。

以 1122 操作员的身份（密码为 122）登录 112 账套，登录日期为“2017-05-31”，自定义转账凭证并生成凭证。

以 1121 操作员的身份（密码为 121）登录 112 账套，登录日期为“2017-05-31”，对生成的自定义凭证进行审核、记账。

1．自定义转账凭证

按管理费用/工资月工资发生总额的 14%计提福利费。

借：管理费用/福利费（660202）　　　　JG()

　　贷：应付职工薪酬/福利费（221102）　　　　FS(660201,月,借,*)*0.14

2．生成自定义凭证

生成计提福利费的凭证并保存。

借：管理费用/福利费（660202）　　　　4 200

　　贷：应付职工薪酬/福利费（221102）　　　　4 200

3．对自定义凭证进行审核记账

更换为 1121 操作员，将以上自定义凭证审核、记账。

4．输出账套

将操作结果输出至“考生文件夹\X5_12”文件夹中。

5.13　第 13 题

【操作要求】

在考生文件夹下新建一个文件夹，命名为 X5_13。

以系统管理员身份登录系统管理，引入 C:\2016U8soft\Unit5 文件夹下的账套文件 Y5_13。

以 1132 操作员的身份（密码为 132）登录 113 账套，登录日期为“2017-06-30”，自定义转账凭证并生成凭证。

以 1131 操作员的身份（密码为 131）登录 113 账套，登录日期为“2017-06-30”，对生成的自定义凭证进行审核、记账。

1．自定义转账凭证

按长期借款期初余额的 8%计提短期借款利息。

借：财务费用（6603）　　JG()

　　贷：应付利息（2231）　　QC(2501,月)*0.08/12

2．生成自定义凭证

生成计提长期借款利息的凭证并保存。

借：财务费用（6603）　　1 200

　　贷：应付利息（2231）　　1 200

3．对自定义凭证进行审核记账

更换为 1131 操作员，将以上自定义凭证审核、记账。

4．输出账套

将操作结果输出至“考生文件夹\X5_13”文件夹中。

5.14 第 14 题

【操作要求】

在考生文件夹下新建一个文件夹，命名为 X5_14。

以系统管理员身份登录系统管理，引入 C:\2016U8soft\Unit5 文件夹下的账套文件 Y5_14。

以 1142 操作员的身份（密码为 142）登录 114 账套，登录日期为“2017-07-31”，自定义转账凭证并生成凭证。

以 1141 操作员的身份（密码为 141）登录 114 账套，登录日期为“2017-07-31”，对生成的自定义凭证进行审核、记账。

1．自定义转账凭证

按长期借款期初余额的 8%计提应付利息。

借：财务费用（6603）　　　　JG()

　　贷：应付利息（2231）　　　　QC(2501,月)*0.08/12

2．生成自定义凭证

生成计应付利息的凭证并保存。

借：财务费用（6603）　　　　1 200

　　贷：应付利息（2231）　　　　1 200

3．对自定义凭证进行审核记账

更换为 1141 操作员，将以上自定义凭证审核、记账。

4．输出账套

将操作结果输出至“考生文件夹\X5_14”文件夹中。

5.15　第 15 题

【操作要求】

在考生文件夹下新建一个文件夹，命名为 X5_15。

以系统管理员身份登录系统管理，引入 C:\2016U8soft\Unit5 文件夹下的账套文件 Y5_15。

以 1152 操作员的身份（密码为 152）登录 115 账套，登录日期为“2017-08-31”，自定义转账凭证并生成凭证。

以 1151 操作员的身份（密码为 151）登录 115 账套，登录日期为“2017-08-31”，对生成的自定义凭证进行审核、记账。

1．自定义转账凭证

按短期借款的 9%计提应付利息。

借：财务费用（6603）　　　　　JG()

　　贷：应付利息（2231）　　　　　QC(2001,月)*0.09/12

2．生成自定义凭证

生成计提应付利息的凭证并保存。

借：财务费用（6603）　　　　　1 275

　　贷：应付利息（2231）　　　　　1 275

3．对自定义凭证进行审核记账

更换为 1151 操作员，将以上自定义凭证审核、记账。

4．输出账套

将操作结果输出至“考生文件夹\X5_15”文件夹中。

5.16 第 16 题

【操作要求】

在考生文件夹下新建一个文件夹，命名为 X5_16。

以系统管理员身份登录系统管理，引入 C:\2016U8soft\Unit5 文件夹下的账套文件 Y5_16。

以 1162 操作员的身份（密码为 162）登录 116 账套，登录日期为“2017-09-30”，自定义转账凭证并生成凭证。

以 1161 操作员的身份（密码为 161）登录 116 账套，登录日期为“2017-09-30”，对生成的自定义凭证进行审核、记账。

1．自定义转账凭证

按固定资产期初余额的 5%计提采购部折旧费，计入管理费用。

借：管理费用/折旧费（660203）　　JG()

　　贷：累计折旧（1602）　　QC(1601,月)*0.05/12

2．生成自定义凭证

生成计提折旧费的凭证并保存。

借：管理费用/折旧费（660203）　　208.33

　　贷：累计折旧（1602）　　208.33

3．对自定义凭证进行审核记账

更换为 1161 操作员，将以上自定义凭证审核、记账。

4．输出账套

将操作结果输出至“考生文件夹\X5_16”文件夹中。

5.17　第 17 题

【操作要求】

在考生文件夹下新建一个文件夹，命名为 X5_17。

以系统管理员身份登录系统管理，引入 C:\2016U8soft\Unit5 文件夹下的账套文件 Y5_17。

以 1172 操作员的身份（密码为 172）登录 117 账套，登录日期为“2017-10-31”，自定义转账凭证并生成凭证。

以 1171 操作员的身份（密码为 171）登录 117 账套，登录日期为“2017-10-31”，对生成的自定义凭证进行审核、记账。

1．自定义转账凭证

按短期借款的 8%计提应付利息。

借：财务费用（6603）　　　　　JG()

　　贷：应付利息（2231）　　　　　　QC(2001,月)*0.08/12

2．生成自定义凭证

生成计提应付利息的凭证并保存。

借：财务费用（6603）　　　　　1 133.33

　　贷：应付利息（2231）　　　　　　1 133.33

3．对自定义凭证进行审核记账

更换为 1171 操作员，将以上自定义凭证审核、记账。

4．输出账套

将操作结果输出至“考生文件夹\X5_17”文件夹中。

5.18 第 18 题

【操作要求】

在考生文件夹下新建一个文件夹，命名为 X5_18。

以系统管理员身份登录系统管理，引入 C:\2016U8soft\Unit5 文件夹下的账套文件 Y5_18。

以 1182 操作员的身份（密码为 182）登录 118 账套，登录日期为“2017-11-30”，自定义转账凭证并生成凭证。

以 1181 操作员的身份（密码为 181）登录 118 账套，登录日期为“2017-11-30”，对生成的自定义凭证进行审核、记账。

1．自定义转账凭证

按固定资产期初余额的 5%计提总经办折旧费，计入管理费用。

借：管理费用/折旧费（660202） JG()

贷：累计折旧（1602） QC(1601,月)*0.05

2．生成自定义凭证

生成计提折旧费的凭证并保存。

借：管理费用/折旧费（660202） 2 500

贷：累计折旧（1602） 2 500

3．对自定义凭证进行审核记账

更换为 1181 操作员，将以上自定义凭证审核、记账。

4．输出账套

将操作结果输出至“考生文件夹\X5_18”文件夹中。

5.19　第 19 题

【操作要求】

在考生文件夹下新建一个文件夹，命名为 X5_19。

以系统管理员身份登录系统管理，引入 C:\2016U8soft\Unit5 文件夹下的账套文件 Y5_19。

以 1192 操作员的身份（密码为 192）登录 119 账套，登录日期为“2017-12-31”，自定义转账凭证并生成凭证。

以 1191 操作员的身份（密码为 191）登录 119 账套，登录日期为“2017-12-31”，对生成的自定义凭证进行审核、记账。

1．自定义转账凭证

按长期借款期初余额的 6%计提长期借款利息。

借：财务费用（6603）　　　　　　JG()

　　贷：应付利息（2231）　　　　　　QC(2501,月)*0.06/12

2．生成自定义凭证

生成计提长期借款利息的凭证并保存。

借：财务费用（6603）　　　　　　500

　　贷：应付利息（2231）　　　　　　500

3．对自定义凭证进行审核记账

更换为 1191 操作员，将以上自定义凭证审核、记账。

4．输出账套

将操作结果输出至“考生文件夹\X5_19”文件夹中。

5.20 第 20 题

【操作要求】

在考生文件夹下新建一个文件夹，命名为 X5_20。

以系统管理员身份登录系统管理，引入 C:\2016U8soft\Unit5 文件夹下的账套文件 Y5_20。

以 1202 操作员的身份（密码为 202）登录 120 账套，登录日期为“2017-01-31”，自定义转账凭证并生成凭证。

以 1201 操作员的身份（密码为 201）登录 120 账套，登录日期为“2017-01-31”，对生成的自定义凭证进行审核、记账。

1．自定义转账凭证

按短期借款期初余额的 8%计提短期借款利息。

借：财务费用（6603）　　　　　　JG()

　　贷：应付利息（2231）　　　　　　QC(2001,月)*0.08/12

2．生成自定义凭证

生成计提短期借款利息的凭证并保存。

借：财务费用（6603）　　　　　　1 000

　　贷：应付利息（2231）　　　　　　1 000

3．对自定义凭证进行审核记账

更换为 1201 操作员，将以上自定义凭证审核、记账。

4．输出账套

将操作结果输出至“考生文件夹\X5_20”文件夹中。

第 6 单元　利用报表模板生成报表

6.1　第 1 题

【操作要求】

在考生文件夹下新建一个文件夹，命名为 X6_01。

以系统管理员身份登录系统管理，引入 C:\2016U8soft\Unit6 文件夹下的账套文件 Y6_01。

以 1011 操作员的身份（密码为 011）登录 101 账套，登录日期为“2017-01-31”，调用报表模板生成报表。

1．调用报表模板

在格式状态下调用利润表模板，如图 6-1 所示。

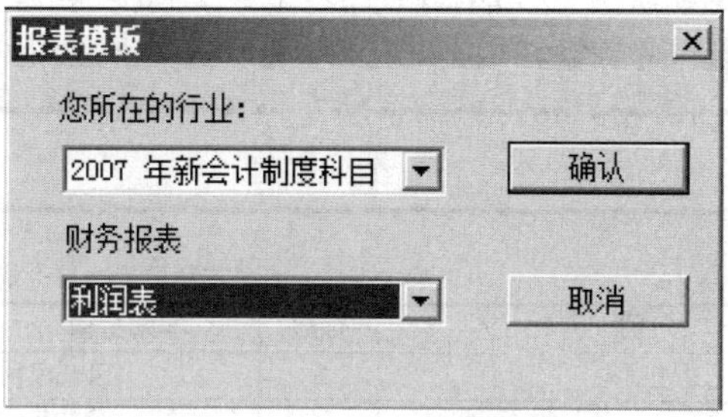

图 6-1　调用“利润表”模板

2．录入关键字

在数据状态下，录入关键字“2017 年 1 月”，生成利润表。

3．保存报表

将利润表以“X6_01”命名并保存到“考生文件夹\X6_01”文件夹中。

6.2 第 2 题

【操作要求】

在考生文件夹下新建一个文件夹，命名为 X6_02。

以系统管理员身份登录系统管理，引入 C:\2016U8soft\Unit6 文件夹下的账套文件 Y6_02。

以 1021 操作员的身份（密码为 021）登录 102 账套，登录日期为“2017-08-31”，调用报表模板生成报表。

1．调用报表模板

在格式状态下调用利润表模板，如图 6-2 所示。

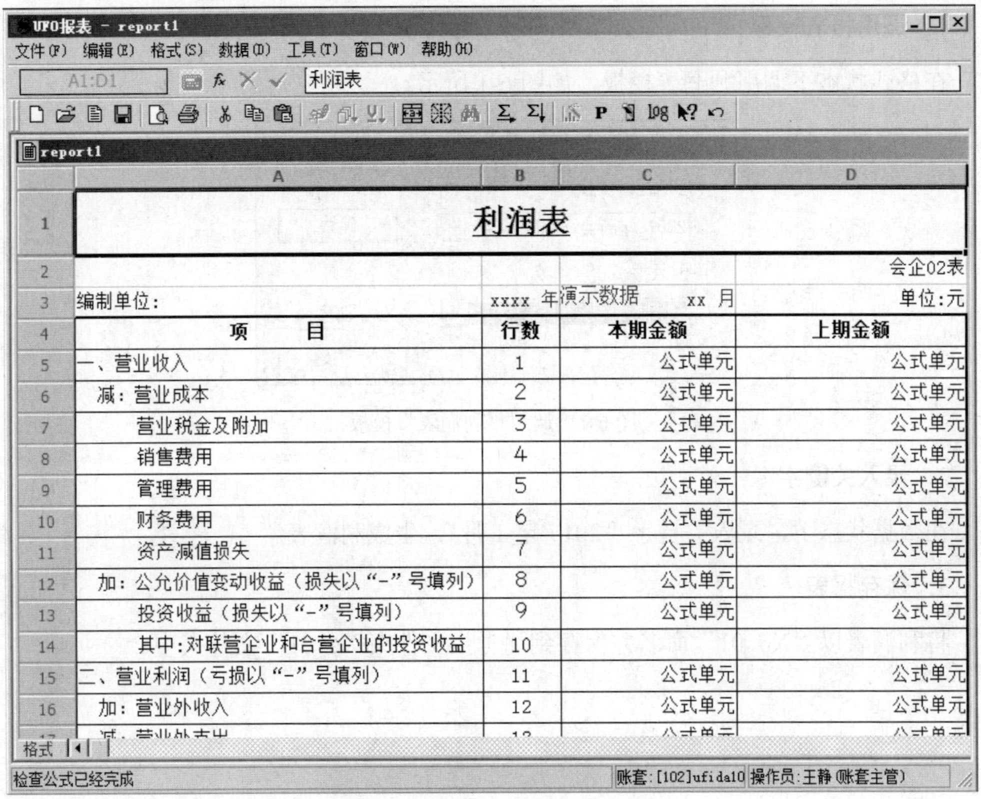

图 6-2 利用模板生成利润表

2．录入关键字

在数据状态下，录入关键字“2017 年 8 月”，生成利润表。

3．保存报表

将利润表以“X6_02”命名并保存到“考生文件夹\X6_02”文件夹中。

6.3　第 3 题

【操作要求】

在考生文件夹下新建一个文件夹，命名为 X6_03。

以系统管理员身份登录系统管理，引入 C:\2016U8soft\Unit6 文件夹下的账套文件 Y6_03。

以 1031 操作员的身份（密码为 031）登录 103 账套，登录日期为“2017-01-31”，调用报表模板生成报表。

1．调用报表模板

在格式状态下调用利润表模板。

2．录入关键字

在数据状态下，录入关键字“2017 年 1 月”，生成利润表，如图 6-3 所示。

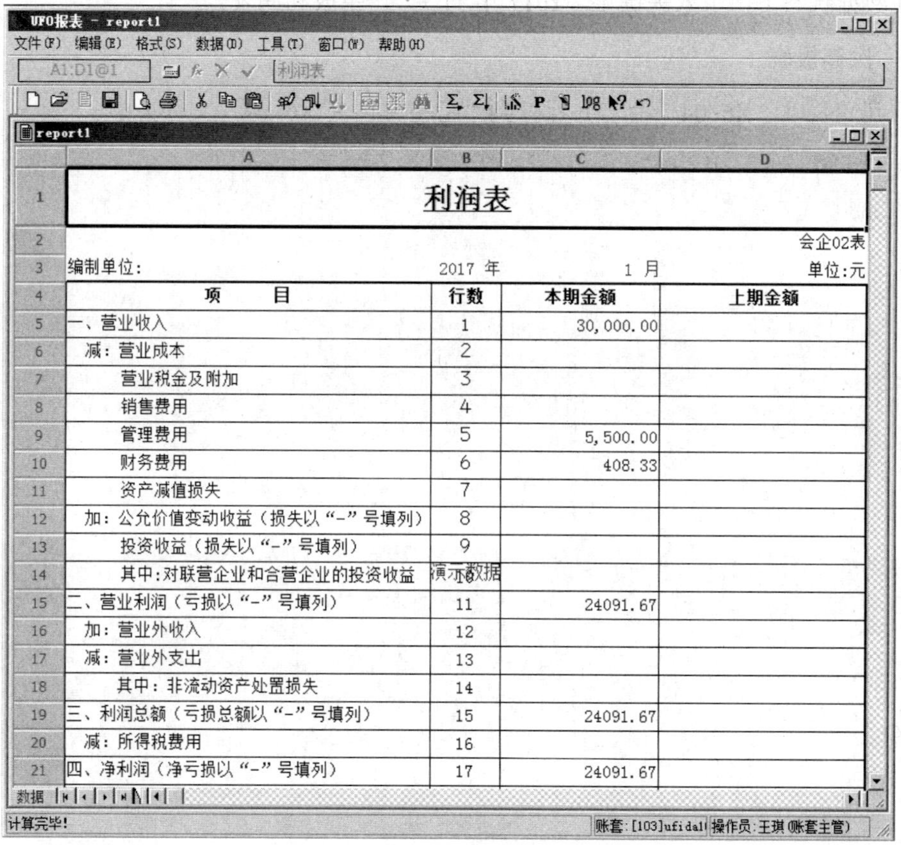

项　　目	行数	本期金额	上期金额
一、营业收入	1	30,000.00	
减：营业成本	2		
营业税金及附加	3		
销售费用	4		
管理费用	5	5,500.00	
财务费用	6	408.33	
资产减值损失	7		
加：公允价值变动收益（损失以“-”号填列）	8		
投资收益（损失以“-”号填列）	9		
其中：对联营企业和合营企业的投资收益	10		
二、营业利润（亏损以“-”号填列）	11	24091.67	
加：营业外收入	12		
减：营业外支出	13		
其中：非流动资产处置损失	14		
三、利润总额（亏损总额以“-”号填列）	15	24091.67	
减：所得税费用	16		
四、净利润（净亏损以“-”号填列）	17	24091.67	

图 6-3　利润表

3．保存报表

将利润表以“X6_03”命名并保存到“考生文件夹\X6_03”文件夹中。

6.4 第 4 题

【操作要求】

在考生文件夹下新建一个文件夹，命名为 X6_04。

以系统管理员身份登录系统管理，引入 C:\2016U8soft\Unit6 文件夹下的账套文件 Y6_04。

以 1041 操作员的身份（密码为 041）登录 104 账套，登录日期为“2017-11-30”，调用报表模板生成报表。

1．调用报表模板

在格式状态下调用利润表模板。

2．录入关键字

在数据状态下，录入关键字“2017 年 11 月”，生成利润表。

3．保存报表

将利润表以“X6_04”命名并保存到“考生文件夹\X6_04”文件夹中。

6.5　第 5 题

【操作要求】

在考生文件夹下新建一个文件夹，命名为 X6_05。

以系统管理员身份登录系统管理，引入 C:\2016U8soft\Unit6 文件夹下的账套文件 Y6_05。

以 1051 操作员的身份（密码为 051）登录 105 账套，登录日期为“2017-05-31”，调用报表模板生成报表。

1．调用报表模板

在格式状态下调用利润表模板。

2．录入关键字

在数据状态下，录入关键字“2017 年 5 月”，生成利润表。

3．保存报表

将利润表以“X6_05”命名并保存到“考生文件夹\X6_05”文件夹中。

6.6 第6题

【操作要求】

在考生文件夹下新建一个文件夹，命名为X6_06。

以系统管理员身份登录系统管理，引入 C:\2016U8soft\Unit6 文件夹下的账套文件Y6_06。

以1061操作员的身份（密码为061）登录106账套，登录日期为“2017-10-31”，调用报表模板生成报表。

1．调用报表模板

在格式状态下调用利润表模板。

2．录入关键字

在数据状态下，录入关键字“2017年10月”，生成利润表。

3．保存报表

将利润表以“X6_06”命名并保存到“考生文件夹\X6_06”文件夹中。

6.7　第 7 题

【操作要求】

在考生文件夹下新建一个文件夹，命名为 X6_07。

以系统管理员身份登录系统管理，引入 C:\2016U8soft\Unit6 文件夹下的账套文件 Y6_07。

以 1071 操作员的身份（密码为 071）登录 107 账套，登录日期为“2017-08-31”，调用报表模板生成报表。

1．调用报表模板

在格式状态下调用利润表模板。

2．录入关键字

在数据状态下，录入关键字“2017 年 8 月”，生成利润表。

3．保存报表

将利润表以“X6_07”命名并保存到“考生文件夹\X6_07”文件夹中。

6.8　第 8 题

【操作要求】

在考生文件夹下新建一个文件夹，命名为 X6_08。

以系统管理员身份登录系统管理，引入 C:\2016U8soft\Unit6 文件夹下的账套文件 Y6_08。

以 1081 操作员的身份（密码为 081）登录 108 账套，登录日期为“2017-02-28”，调用报表模板生成报表。

1．调用报表模板

在格式状态下调用利润表模板。

2．录入关键字

在数据状态下，录入关键字“2017 年 2 月”，生成利润表。

3．保存报表

将利润表以“X6_08”命名并保存到“考生文件夹\X6_08”文件夹中。

6.9　第 9 题

【操作要求】

在考生文件夹下新建一个文件夹，命名为 X6_09。

以系统管理员身份登录系统管理，引入 C:\2016U8soft\Unit6 文件夹下的账套文件 Y6_09。

以 1091 操作员的身份（密码为 091）登录 109 账套，登录日期为“2017-07-31”，调用报表模板生成报表。

1．调用报表模板

在格式状态下调用利润表模板。

2．录入关键字

在数据状态下，录入关键字“2017 年 7 月”，生成利润表。

3．保存报表

将利润表以“X6_09”命名并保存到“考生文件夹\X6_09”文件夹中。

6.10 第 10 题

【操作要求】

在考生文件夹下新建一个文件夹，命名为 X6_10。

以系统管理员身份登录系统管理，引入 C:\2016U8soft\Unit6 文件夹下的账套文件 Y6_10。

以 1101 操作员的身份（密码为 101）登录 110 账套，登录日期为“2017-03-31”，调用报表模板生成报表。

1．调用报表模板

在格式状态下调用利润表模板。

2．录入关键字

在数据状态下，录入关键字“2017 年 3 月”，生成利润表。

3．保存报表

将利润表以“X6_10”命名并保存到“考生文件夹\X6_10”文件夹中。

6.11　第 11 题

【操作要求】

在考生文件夹下新建一个文件夹，命名为 X6_11。

以系统管理员身份登录系统管理，引入 C:\2016U8soft\Unit6 文件夹下的账套文件 Y6_11。

以 1111 操作员的身份（密码为 111）登录 111 账套，登录日期为“2017-04-30”，调用报表模板生成报表。

1．调用报表模板

在格式状态下调用利润表模板。

2．录入关键字

在数据状态下，录入关键字“2017 年 4 月”，生成利润表。

3．保存报表

将利润表以“X6_11”命名并保存到“考生文件夹\X6_11”文件夹中。

6.12 第 12 题

【操作要求】

在考生文件夹下新建一个文件夹，命名为 X6_12。

以系统管理员身份登录系统管理，引入 C:\2016U8soft\Unit6 文件夹下的账套文件 Y6_12。

以 1121 操作员的身份（密码为 121）登录 112 账套，登录日期为“2017-05-31”，调用报表模板生成报表。

1．调用报表模板

在格式状态下调用利润表模板。

2．录入关键字

在数据状态下，录入关键字“2017 年 5 月”，生成利润表。

3．保存报表

将利润表以“X6_12”命名并保存到“考生文件夹\X6_12”文件夹中。

6.13　第 13 题

【操作要求】

在考生文件夹下新建一个文件夹，命名为 X6_13。

以系统管理员身份登录系统管理，引入 C:\2016U8soft\Unit6 文件夹下的账套文件 Y6_13。

以 1131 操作员的身份（密码为 131）登录 113 账套，登录日期为“2017-06-30”，调用报表模板生成报表。

1．调用报表模板

在格式状态下调用利润表模板。

2．录入关键字

在数据状态下，录入关键字“2017 年 6 月”，生成利润表。

3．保存报表

将利润表以“X6_13”命名并保存到“考生文件夹\X6_13”文件夹中。

6.14 第 14 题

【操作要求】

在考生文件夹下新建一个文件夹，命名为 X6_14。

以系统管理员身份登录系统管理，引入 C:\2016U8soft\Unit6 文件夹下的账套文件 Y6_14。

以 1141 操作员的身份（密码为 141）登录 114 账套，登录日期为“2017-07-31”，调用报表模板生成报表。

1．调用报表模板

在格式状态下调用利润表模板。

2．录入关键字

在数据状态下，录入关键字“2017 年 7 月”，生成利润表。

3．保存报表

将利润表以“X6_14”命名并保存到“考生文件夹\X6_14”文件夹中。

6.15　第 15 题

【操作要求】

在考生文件夹下新建一个文件夹，命名为 X6_15。

以系统管理员身份登录系统管理，引入 C:\2016U8soft\Unit6 文件夹下的账套文件 Y6_15。

以 1151 操作员的身份（密码为 151）登录 115 账套，登录日期为“2017-08-31”，调用报表模板生成报表。

1．调用报表模板

在格式状态下调用利润表模板。

2．录入关键字

在数据状态下，录入关键字“2017 年 8 月”，生成利润表。

3．保存报表

将利润表以“X6_15”命名并保存到“考生文件夹\X6_15”文件夹中。

6.16　第 16 题

【操作要求】

在考生文件夹下新建一个文件夹，命名为 X6_16。

以系统管理员身份登录系统管理，引入 C:\2016U8soft\Unit6 文件夹下的账套文件 Y6_16。

以 1161 操作员的身份（密码为 161）登录 116 账套，登录日期为“2017-09-30”，调用报表模板生成报表。

1．调用报表模板

在格式状态下调用利润表模板。

2．录入关键字

在数据状态下，录入关键字“2017 年 9 月”，生成利润表。

3．保存报表

将利润表以“X6_16”命名并保存到“考生文件夹\X6_16”文件夹中。

6.17　第 17 题

【操作要求】

在考生文件夹下新建一个文件夹，命名为 X6_17。

以系统管理员身份登录系统管理，引入 C:\2016U8soft\Unit6 文件夹下的账套文件 Y6_17。

以 1171 操作员的身份（密码为 171）登录 117 账套，登录日期为“2017-10-31”，调用报表模板生成报表。

1．调用报表模板

在格式状态下调用利润表模板。

2．录入关键字

在数据状态下，录入关键字“2017 年 10 月”，生成利润表。

3．保存报表

将利润表以“X6_17”命名并保存到“考生文件夹\X6_17”文件夹中。

6.18 第 18 题

【操作要求】

在考生文件夹下新建一个文件夹，命名为 X6_18。

以系统管理员身份登录系统管理，引入 C:\2016U8soft\Unit6 文件夹下的账套文件 Y6_18。

以 1181 操作员的身份（密码为 181）登录 118 账套，登录日期为“2017-11-30”，调用报表模板生成报表。

1．调用报表模板

在格式状态下调用利润表模板。

2．录入关键字

在数据状态下，录入关键字“2017 年 11 月”，生成利润表。

3．保存报表

将利润表以“X6_18”命名并保存到“考生文件夹\X6_18”文件夹中。

6.19　第 19 题

【操作要求】

在考生文件夹下新建一个文件夹，命名为 X6_19。

以系统管理员身份登录系统管理，引入 C:\2016U8soft\Unit6 文件夹下的账套文件 Y6_19。

以 1191 操作员的身份（密码为 191）登录 119 账套，登录日期为“2017-12-31”，调用报表模板生成报表。

1．调用报表模板

在格式状态下调用利润表模板。

2．录入关键字

在数据状态下，录入关键字“2017 年 12 月”，生成利润表。

3．保存报表

将利润表以“X6_19”命名并保存到“考生文件夹\X6_19”文件夹中。

6.20 第 20 题

【操作要求】

在考生文件夹下新建一个文件夹，命名为 X6_20。

以系统管理员身份登录系统管理，引入 C:\2016U8soft\Unit6 文件夹下的账套文件 Y6_20。

以 1201 操作员的身份（密码为 201）登录 120 账套，登录日期为“2017-01-31”，调用报表模板生成报表。

1．调用报表模板

在格式状态下调用利润表模板。

2．录入关键字

在数据状态下，录入关键字“2017 年 1 月”，生成利润表。

3．保存报表

将利润表以“X6_20”命名并保存到“考生文件夹\X6_20”文件夹中。

第 7 单元　报表格式定义

7.1　第 1 题

【操作要求】

在考生文件夹下新建一个文件夹，命名为 X7_01。

以系统管理员身份登录系统管理，引入 C:\2016U8soft\Unit7 文件夹下的账套文件 Y7_01。

以 1011 操作员的身份（密码为 011）登录 101 账套，登录日期为“2017-01-31”，完成“管理费用明细表”的定义，对其中标注“*”的单元进行公式设计及数据生成。

管理费用明细表

2017 年 1 月

	办公费	差旅费	通讯费	合计
总经办	*			*
财务部				
采购部				

1．启动 UFO 并定义表尺寸

（1）启动 UFO 报表系统。

（2）定义表尺寸为 6 行 5 列。

2．定义行高及列宽

（1）定义第 1 行行高为 12mm。

（2）定义第 2 行至第 6 行行高为 8mm。

（3）定义各列列宽为 30mm。

3．区域画线

选择区域 A3:E6，设置其画线类型为“网线”、样式为“—”。

4．组合单元

将单元 A1:E1 组合成一个单元。

5．定义关键字

（1）在 C2 单元中定义关键字“年”。

（2）在 D2 单元中定义关键字“月”。

6．录入表样文字

（1）在 A1 单元中录入“管理费用明细表”。

（2）在表体中按样表输入表内文字。

7．设置单元属性

将“管理费用明细表”设置字体为“宋体”、字型为“粗下划线”、字号为 20、水平方向和垂直方向为居中排列。

8．定义单元公式

（1）设置 B4 单元公式

利用用友账务函数取总经办办公费本期发生额。

（2）设置 E4 单元公式

利用统计函数 PTOTAL 计算总经办本期费用合计。

9．保存报表

将“管理费用明细表”以“X7_01”命名并保存到“考生文件夹\X7_01”文件夹中。

7.2　第2题

【操作要求】

在考生文件夹下新建一个文件夹，命名为X7_02。

以系统管理员身份登录系统管理，引入 C:\2016U8soft\Unit7 文件夹下的账套文件Y7_02。

以1021操作员的身份（密码为021）登录102账套，登录日期为“2017-08-31”，完成“产品成本分析表”的定义，对其中标注“*”的单元进行公式设计及数据生成。

产品成本分析表

2016年8月

	10平方线缆	25平方线缆	合计
直接材料	*		*
直接人工			
制造费用			

1．启动UFO并定义表尺寸

（1）启动UFO报表系统。

（2）定义表尺寸为6行4列。

2．确定行高列宽

（1）定义第1行行高为13mm。

（2）定义第2行至第6行行高为8mm。

（3）定义各列列宽为25mm。

3．区域画线

选择区域A3:D6，设置其画线类型为“网线”、样式为“—”。

4．组合单元

将单元A1:D1组合成一个单元。

5．定义关键字

（1）在C2单元中定义关键字“年”。

（2）在D2单元中定义关键字“月”。

6．录入表样文字

（1）在A1单元中录入“产品成本分析表”。

（2）在表体中按样表输入表内文字。

7．设置单元属性

将“产品成本分析表”设置字体为“宋体”、字型为“粗下划线”、字号为 18、水平方向和垂直方向为居中排列。

8．定义单元公式

（1）设置 B4 单元公式

利用用友账务函数取直接材料 10 平方线缆本期发生额。

（2）设置 D4 单元公式

利用统计函数 PTOTAL 计算 10 平方线缆和 25 平方线缆本期费用合计。

9．保存报表

将“产品成本分析表”以“X7_02”命名并保存到“考生文件夹\X7_02”文件夹中。

7.3　第 3 题

【操作要求】

在考生文件夹下新建一个文件夹，命名为 X7_03。

以系统管理员身份登录系统管理，引入 C:\2016U8soft\Unit7 文件夹下的账套文件 Y7_03。

以 1031 操作员的身份（密码为 031）登录 103 账套，登录日期为“2017-01-31”，完成“产品毛利分析表”的定义，对其中标注“*”的单元进行公式设计及数据生成。

产品毛利分析表

2016 年 1 月

	阿奇霉素片	康宁感冒片	合计
收入	*		
成本	*		
利润	*		

1．启动 UFO 并定义表尺寸

（1）启动 UFO 报表系统。

（2）定义表尺寸为 6 行 4 列。

如图 7-1 所示。

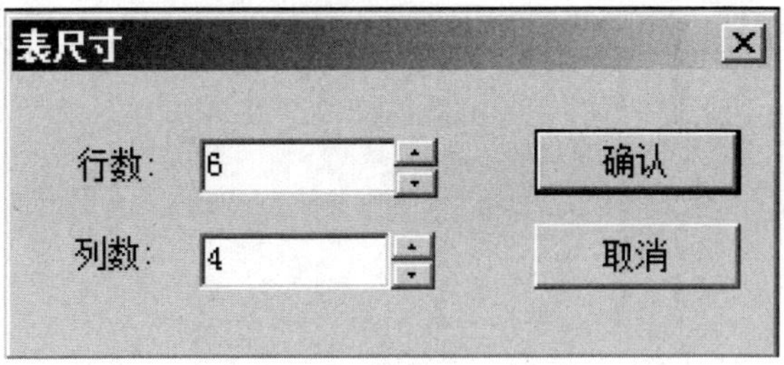

图 7-1　定义表尺寸

2．确定行高列宽

（1）定义第 1 行行高为 15mm。

（2）定义第 2 行至第 6 行行高为 9mm。

（3）定义各列列宽为 28mm。

3．区域画线

选择区域 A3:D6，设置其画线类型为“网线”、样式为“—”。

4．组合单元

将单元 A1:D1 组合成一个单元。

5．定义关键字

（1）在 C2 单元中定义关键字“年”。

（2）在 D2 单元中定义关键字“月”。

6．录入表样文字

（1）在 A1 单元中录入“产品毛利分析表”。

（2）在表体中按样表输入表内文字。

7．设置单元属性

将“产品毛利分析表”设置字体为“宋体”、字型为“粗下划线”、字号为 18、水平方向和垂直方向为居中排列。

8．定义单元公式

（1）设置 B4 单元公式

利用用友账务函数取主营业务收入阿奇霉素片本期发生额。

（2）设置 B5 单元公式

利用用友账务函数取直接材料阿奇霉素片本期发生额。

（3）设置 B6 单元公式

在公式栏中输入“=B4-B5”。

9．保存报表

将“产品毛利分析表”以“X7_03”命名并保存到“考生文件夹\X7_03”文件夹中。

7.4　第 4 题

【操作要求】

在考生文件夹下新建一个文件夹，命名为 X7_04。

以系统管理员身份登录系统管理，引入 C:\2016U8soft\Unit7 文件夹下的账套文件 Y7_04。

以 1041 操作员的身份（密码为 041）登录 104 账套，登录日期为“2017-11-30”，完成“部门管理费用明细表”的定义，对其中标注“*”的单元进行公式设计及数据生成。

部门管理费用明细表

2017 年 11 月

	差旅费	通讯费	合计
总经办	*	*	*
财务部			
销售部			

1．启动 UFO 并定义表尺寸

（1）启动 UFO 报表系统。

（2）定义表尺寸为 6 行 4 列。

2．确定行高列宽

（1）定义第 1 行行高为 10mm。

（2）定义第 2 行至第 6 行行高为 6mm。

（3）定义各列列宽为 26mm。

如图 7-2 所示。

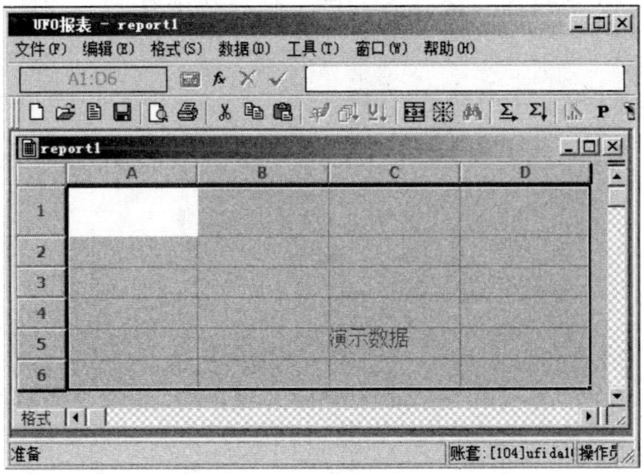

图 7-2　设置行高列宽

3．区域画线

选择区域 A3:D6，设置其画线类型为“网线”、样式为“—”。

4．组合单元

将单元 A1:D1 组合成一个单元。

5．定义关键字

（1）在 C2 单元中定义关键字“年”。

（2）在 D2 单元中定义关键字“月”。

6．录入表样文字

（1）在 A1 单元中录入“部门管理费用明细表”。

（2）在表体中按样表输入表内文字。

7．设置单元属性

将“部门管理费用明细表”设置字体为“宋体”、字型为“粗体”、字号为 16、水平方向和垂直方向为居中排列。

8．定义单元公式

（1）设置 B4 单元公式

利用用友账务函数取总经办差旅费本期发生额。

（2）设置 C4 单元公式

利用用友账务函数取总经办通讯费本期发生额。

（3）设置 D4 单元格公式

利用统计函数 PTOTAL 计算总经办本期费用合计。

9．保存报表

将“部门管理费用明细表”以“X7_04”命名并保存到“考生文件夹\X7_04”文件夹中。

7.5　第 5 题

【操作要求】

在考生文件夹下新建一个文件夹，命名为 X7_05。

以系统管理员身份登录系统管理，引入 C:\2016U8soft\Unit7 文件夹下的账套文件 Y7_05。

以 1051 操作员的身份（密码为 051）登录 105 账套，登录日期为“2017-05-31”，完成“管理费用明细表”的定义，对其中标注“*”的单元进行公式设计及数据生成。

管理费用明细表

2017 年 05 月

	办公费	差旅费	交通费	通讯费
总经办				
财务部	*			
合计	*			

1．启动 UFO 并定义表尺寸

（1）启动 UFO 报表系统。

（2）定义表尺寸为 6 行 5 列。

2．确定行高列宽

（1）定义第 1 行行高为 15mm。

（2）定义第 2 行至第 6 行行高为 8mm。

（3）定义各列列宽为 25mm。

3．区域画线

选择区域 A3:E6，设置其画线类型为“网线”、样式为“—”。

4．组合单元

将单元 A1:E1 组合成一个单元。

5．定义关键字

（1）在 C2 单元中定义关键字“年”。

（2）在 D2 单元中定义关键字“月”。

6．录入表样文字

（1）在 A1 单元中录入“管理费用明细表”。

（2）在表体中按样表输入表内文字。

7．设置单元属性

将“管理费用明细表”设置字体为“宋体”、字型为“粗下划线”、字号为 18、水平方向和垂直方向为居中排列。

8．定义单元公式

（1）设置 B5 单元公式

利用用友账务函数取财务部办公费本期发生额。

（2）设置 B6 单元公式

利用统计函数 PTOTAL 计算总经办和财务部办公费本期费用合计。

9．保存报表

将“管理费用明细表”以“X7_05”命名并保存到“考生文件夹\X7_05”文件夹中。

7.6　第 6 题

【操作要求】

在考生文件夹下新建一个文件夹，命名为 X7_06。

以系统管理员身份登录系统管理，引入 C:\2016U8soft\Unit7 文件夹下的账套文件 Y7_06。

以 1061 操作员的身份（密码为 061）登录 106 账套，登录日期为“2017-10-31”，完成“应收账款余额表”的定义，对其中标注“*”的单元进行公式设计及数据生成。

应收账款余额表

2017 年 10 月

	期初余额	本期应收	本期收回	期末结存
新河装饰		*		
润达商贸				
合计		*		

1．启动 UFO 并定义表尺寸

（1）启动 UFO 报表系统。

（2）定义表尺寸为 6 行 5 列。

2．确定行高列宽

（1）定义第 1 行行高为 16mm。

（2）定义第 2 行至第 6 行行高为 10mm。

（3）定义各列列宽为 28mm。

3．区域画线

选择区域 A3:E6，设置其画线类型为“网线”、样式为“—”。

4．组合单元

将单元 A1:E1 组合成一个单元。

5．定义关键字

（1）在 C2 单元中定义关键字“年”。

（2）在 D2 单元中定义关键字“月”。

6．录入表样文字

（1）在 A1 单元中录入“应收账款余额表”。

（2）在表体中按样表输入表内文字。

7．设置单元属性

将“应收账款余额表”设置字体为“宋体”、字型为“粗下划线”、字号为 20、水平方向和垂直方向为居中排列。

8．定义单元公式

（1）设置 C4 单元公式

利用用友账务函数取新河装饰本期应收账款。

（2）设置 C6 单元公式

利用统计函数 PTOTAL 计算新河装饰和润达商贸本期应收账款合计。

9．保存报表

将“应收账款余额表”以“X7_06”命名并保存到“考生文件夹\X7_06”文件夹中。

7.7　第 7 题

【操作要求】

在考生文件夹下新建一个文件夹，命名为 X7_07。

以系统管理员身份登录系统管理，引入 C:\2016U8soft\Unit7 文件夹下的账套文件 Y7_07。

以 1071 操作员的身份（密码为 071）登录 107 账套，登录日期为“2017-08-31”，完成“产品成本分析表”的定义，对其中标注“*”的单元进行公式设计及数据生成。

产品成本分析表

2017 年 8 月

	直接材料	直接人工	制造费用	合计
餐桌	*			
餐椅				
合计	*			

1．启动 UFO 并定义表尺寸

（1）启动 UFO 报表系统。

（2）定义表尺寸为 6 行 5 列。

2．确定行高列宽

（1）定义第 1 行行高为 15mm。

（2）定义第 2 行至第 6 行行高为 10mm。

（3）定义各列列宽为 28mm。

3．区域画线

选择区域 A3:E6，设置其画线类型为“网线”、样式为“—”。

4．组合单元

将单元 A1:E1 组合成一个单元。

5．定义关键字

（1）在 C2 单元中定义关键字“年”。

（2）在 D2 单元中定义关键字“月”。

6．录入表样文字

（1）在 A1 单元中录入“产品成本分析表”。

（2）在表体中按样表输入表内文字。

7．设置单元属性

将“产品成本分析表”设置字体为“黑体”、字型为“粗下划线”、字号为 18、水平方向和垂直方向为居中排列。

8．定义单元公式

（1）设置 B4 单元公式

利用用友账务函数取餐桌直接材料本期发生额。

（2）设置 B6 单元公式

利用统计函数 PTOTAL 计算餐桌和餐椅直接材料费用合计。

9．保存报表

将“产品成本分析表”以“X7_07”命名并保存到“考生文件夹\X7_07”文件夹中。

7.8　第 8 题

【操作要求】

在考生文件夹下新建一个文件夹，命名为 X7_08。

以系统管理员身份登录系统管理，引入 C:\2016U8soft\Unit7 文件夹下的账套文件 Y7_08。

以 1081 操作员的身份（密码为 081）登录 108 账套，登录日期为“2017-02-28”，完成“应付账款余额表”的定义，对其中标注“*”的单元进行公式设计及数据生成。

应付账款余额表

2017 年 2 月

	期初余额	本期应付	本期付款	期末余额
双西公司		*	*	*
西城集团				

1．启动 UFO 并定义表尺寸

（1）启动 UFO 报表系统。

（2）定义表尺寸为 5 行 5 列。

2．确定行高列宽

（1）定义第 1 行行高为 18mm。

（2）定义第 2 行至第 5 行行高为 13mm。

（3）定义各列列宽为 28mm。

3．区域画线

选择区域 A3:E5，设置其画线类型为“网线”、样式为“—”。

4．组合单元

将单元 A1:E1 组合成一个单元。

5．定义关键字

（1）在 C2 单元中定义关键字“年”。

（2）在 D2 单元中定义关键字“月”。

6．录入表样文字

（1）在 A1 单元中录入“应付账款余额表”。

（2）在表体中按样表输入表内文字。

7．设置单元属性

将“应付账款余额表”设置字体为“黑体”、字型为“粗下划线”、字号为 18、水平方向和垂直方向为居中排列。

8．定义单元公式

（1）设置 C4 单元公式

利用用友账务函数取双西公司应付账款本期应付发生额。

（2）设置 D4 单元公式

利用用友账务函数取双西公司应付账款本期付款发生额。

（3）设置 E4 单元公式

在 E4 单元格输入公式“=B4+C4-D4”。

9．保存报表

将“应付账款余额表”以“X7_08”命名并保存到“考生文件夹\X7_08”文件夹中。

7.9　第 9 题

【操作要求】

在考生文件夹下新建一个文件夹，命名为 X7_09。

以系统管理员身份登录系统管理，引入 C:\2016U8soft\Unit7 文件夹下的账套文件 Y7_09。

以 1091 操作员的身份（密码为 091）登录 109 账套，登录日期为“2017-07-31”，完成“部门费用分析表”的定义，对其中标注“*”的单元进行公式设计及数据生成。

部门费用分析表

2017 年 7 月

	差旅费	办公费	招待费
总经办	*		
销售部			
合计	*		

1．启动 UFO 并定义表尺寸

（1）启动 UFO 报表系统。

（2）定义表尺寸为 6 行 4 列。

2．确定行高列宽

（1）定义第 1 行行高为 16mm。

（2）定义第 2 行至第 6 行行高为 11mm。

（3）定义各列列宽为 27mm。

3．区域画线

选择区域 A3:D6，设置其画线类型为“网线”、样式为“—”。

4．组合单元

将单元 A1:D1 组合成一个单元。

5．定义关键字

（1）在 C2 单元中定义关键字“年”。

（2）在 D2 单元中定义关键字“月”。

6．录入表样文字

（1）在 A1 单元中录入“部门费用分析表”。

（2）在表体中按样表输入表内文字。

7．设置单元属性

将“部门费用分析表”设置字体为“黑体”、字型为“粗下划线”、字号为 18、水平方向和垂直方向为居中排列。

8．定义单元公式

（1）设置 B4 单元公式

利用用友账务函数取总经办差旅费本期发生额。

（2）设置 B6 单元公式

利用统计函数 PTOTAL 计算总经办和销售部差旅费费用合计。

9．保存报表

将“部门费用分析表”以“X7_09”命名并保存到“考生文件夹\X7_09”文件夹中。

7.10　第 10 题

【操作要求】

在考生文件夹下新建一个文件夹，命名为 X7_10。

以系统管理员身份登录系统管理，引入 C:\2016U8soft\Unit7 文件夹下的账套文件 Y7_10。

以 1101 操作员的身份（密码为 101）登录 110 账套，登录日期为“2017-03-31”，完成“产品成本分析表”的定义，对其中标注“*”的单元进行公式设计及数据生成。

产品成本分析表

2017 年 3 月

	直接材料	直接人工	制造费用
不锈钢脚手架	*		
多安乳胶漆			
合计	*		

1．启动 UFO 并定义表尺寸

（1）启动 UFO 报表系统。

（2）定义表尺寸为 6 行 4 列。

2．确定行高列宽

（1）定义第 1 行行高为 15mm。

（2）定义第 2 行至第 6 行行高为 12mm。

（3）定义各列列宽为 35mm。

3．区域画线

选择区域 A3:D6，设置其画线类型为“网线”、样式为“—”。

4．组合单元

将单元 A1:D1 组合成一个单元。

5．定义关键字

（1）在 C2 单元中定义关键字“年”。

（2）在 D2 单元中定义关键字“月”。

6．录入表样文字

（1）在 A1 单元中录入“产品成本分析表”。

（2）在表体中按样表输入表内文字。

7．设置单元属性

将“产品成本分析表”设置字体为“宋体”、字型为“粗下划线”、字号为 18、水平方向和垂直方向为居中排列。

8．定义单元公式

（1）设置 B4 单元公式

利用用友账务函数取不锈钢脚手架直接材料本期发生额。

（2）设置 B6 单元公式

利用统计函数 PTOTAL 计算不锈钢脚手架和多安乳胶漆直接材料费用合计。

9．保存报表

将“产品成本分析表”以“X7_10”命名并保存到“考生文件夹\X7_10”文件夹中。

7.11　第 11 题

【操作要求】

在考生文件夹下新建一个文件夹，命名为 X7_11。

以系统管理员身份登录系统管理，引入 C:\2016U8soft\Unit7 文件夹下的账套文件 Y7_11。

以 1111 操作员的身份（密码为 111）登录 111 账套，登录日期为“2017-04-30”，完成“销售费用分析表”的定义，对其中标注“*”的单元进行公式设计及数据生成。

销售费用分析表

2017 年 4 月

	差旅费	招待费	合计
销售一部		*	*
销售二部	*		*

1．启动 UFO 并定义表尺寸

（1）启动 UFO 报表系统。

（2）定义表尺寸为 5 行 4 列。

2．确定行高列宽

（1）定义第 1 行行高为 13mm。

（2）定义第 2 行至第 5 行行高为 10mm。

（3）定义各列列宽为 25mm。

3．区域画线

选择区域 A3:D5，设置其画线类型为“网线”、样式为“—”。

4．组合单元

将单元 A1:D1 组合成一个单元。

5．定义关键字

（1）在 C2 单元中定义关键字“年”。

（2）在 D2 单元中定义关键字“月”。

6．录入表样文字

（1）在 A1 单元中录入“销售费用分析表”。

（2）在表体中按样表输入表内文字。

7．设置单元属性

将“销售费用分析表”设置字体为“宋体”、字型为“粗下划线”、字号为 18、水平方向和垂直方向为居中排列。

8．定义单元公式

（1）设置 C4 单元公式

利用用友账务函数取销售一部招待费本期发生额。

（2）设置 B5 单元公式

利用用友账务函数取销售二部差旅费本期发生额。

（3）设置 D4 单元公式

利用统计函数 PTOTAL 计算销售一部差旅费和招待费本期费用合计。

9．保存报表

将“销售费用分析表”以“X7_11”命名并保存到“考生文件夹\X7_11”文件夹中。

7.12　第 12 题

【操作要求】

在考生文件夹下新建一个文件夹，命名为 X7_12。

以系统管理员身份登录系统管理，引入 C:\2016U8soft\Unit7 文件夹下的账套文件 Y7_12。

以 1121 操作员的身份（密码为 121）登录 112 账套，登录日期为“2017-05-31”，完成“应收账款余额表”的定义，对其中标注“*”的单元进行公式设计及数据生成。

应收账款余额表

2017 年 5 月

	期初余额	本期应收	本期收回	期末结存
利福集团	*		*	*
颐高数码				
合计				

1．启动 UFO 并定义表尺寸

（1）启动 UFO 报表系统。

（2）定义表尺寸为 6 行 5 列。

2．确定行高列宽

（1）定义第 1 行行高为 16mm。

（2）定义第 2 行至第 6 行行高为 10mm。

（3）定义各列列宽为 28mm。

3．区域画线

选择区域 A3:E6，设置其画线类型为“网线”、样式为“—”。

4．组合单元

将单元 A1:E1 组合成一个单元。

5．定义关键字

（1）在 C2 单元中定义关键字“年”。

（2）在 D2 单元中定义关键字“月”。

6．录入表样文字

（1）在 A1 单元中录入“应收账款余额表”。

（2）在表体中按样表输入表内文字。

7．设置单元属性

将“应收账款余额表”设置字体为“宋体”、字型为“粗下划线”、字号为 20、水平方向和垂直方向为居中排列。

8．定义单元公式

（1）设置 B4 单元公式

利用用友账务函数取利福集团应收账款期初余额。

（2）设置 D4 单元公式

利用用友账务函数取利福集团应收账款本期收回。

（3）设置 E4 单元公式

在 E4 单元输入“=B4+C4-D4”。

9．保存报表

将“应收账款余额表”以“X7_12”命名并保存到“考生文件夹\X7_12”文件夹中。

7.13　第 13 题

【操作要求】

在考生文件夹下新建一个文件夹，命名为 X7_13。

以系统管理员身份登录系统管理，引入 C:\2016U8soft\Unit7 文件夹下的账套文件 Y7_13。

以 1131 操作员的身份（密码为 131）登录 113 账套，登录日期为“2017-06-30”，完成“应收账款余额表”的定义，对其中标注“*”的单元进行公式设计及数据生成。

应收账款余额表

2017 年 6 月

	期初余额	本期应收	本期收回	期末结存
麦迪科技		*		
佳佳商贸				
合计		*		

1．启动 UFO 并定义表尺寸

（1）启动 UFO 报表系统。

（2）定义表尺寸为 6 行 5 列。

2．确定行高列宽

（1）定义第 1 行行高为 17mm。

（2）定义第 2 行至第 6 行行高为 10mm。

（3）定义各列列宽为 25mm。

3．区域画线

选择区域 A3:E6，设置其画线类型为“网线”、样式为“—”。

4．组合单元

将单元 A1:E1 组合成一个单元。

5．定义关键字

（1）在 C2 单元中定义关键字“年”。

（2）在 D2 单元中定义关键字“月”。

6．录入表样文字

（1）在 A1 单元中录入“应收账款余额表”。

（2）在表体中按样表输入表内文字。

7．设置单元属性

将“应收账款余额表”设置字体为“宋体”、字型为“粗下划线”、字号为 20、水平方向和垂直方向为居中排列。

8．定义单元公式

（1）设置 C4 单元公式

利用用友账务函数取麦迪科技应收账款本期发生额。

（2）设置 C6 单元公式

利用统计函数 PTOTAL 计算佳佳商贸和麦迪科技本期应收账款合计。

9．保存报表

将“应收账款余额表”以“X7_13”命名并保存到“考生文件夹\X7_13”文件夹中。

7.14　第 14 题

【操作要求】

在考生文件夹下新建一个文件夹，命名为 X7_14。

以系统管理员身份登录系统管理，引入 C:\2016U8soft\Unit7 文件夹下的账套文件 Y7_14。

以 1141 操作员的身份（密码为 141）登录 114 账套，登录日期为“2017-07-31”，完成“产品成本分析表”的定义，对其中标注“*”的单元进行公式设计及数据生成。

产品成本分析表

2017 年 7 月

	直接材料	直接人工	制造费用	合计
清咽丸				
血压仪	*			
合计	*			

1．启动 UFO 并定义表尺寸

（1）启动 UFO 报表系统。

（2）定义表尺寸为 6 行 5 列。

2．确定行高列宽

（1）定义第 1 行行高为 12mm。

（2）定义第 2 行至第 6 行行高为 8mm。

（3）定义各列列宽为 30mm。

3．区域画线

选择区域 A3:E6，设置其画线类型为“网线”、样式为“—”。

4．组合单元

将单元 A1:E1 组合成一个单元。

5．定义关键字

（1）在 C2 单元中定义关键字“年”。

（2）在 D2 单元中定义关键字“月”。

6．录入表样文字

（1）在 A1 单元中录入“产品成本分析表”。

（2）在表体中按样表输入表内文字。

7．设置单元属性

将“产品成本分析表”设置字体为“宋体”、字型为“粗下划线”、字号为 20、水平方向和垂直方向为居中排列。

8．定义单元公式

（1）设置 B5 单元公式

利用用友账务函数取血压仪直接材料本期发生额。

（2）设置 E6 单元公式

利用统计函数 PTOTAL 计算清咽丸和血压仪直接材料本期费用合计。

9．保存报表

将“产品成本分析表”以“X7_14”命名并保存到“考生文件夹\X7_14”文件夹中。

7.15　第15题

【操作要求】

在考生文件夹下新建一个文件夹，命名为X7_15。

以系统管理员身份登录系统管理，引入C:\2016U8soft\Unit7文件夹下的账套文件Y7_15。

以1151操作员的身份（密码为151）登录115账套，登录日期为“2017-08-31”，完成“管理费用分析表”的定义，对其中标注“*”的单元进行公式设计及数据生成。

管理费用分析表

2017年8月

	办公费	折旧费	通讯费	合计
总经办				
采购部	*			*

1．启动UFO并定义表尺寸

（1）启动UFO报表系统。

（2）定义表尺寸为5行5列。

2．确定行高列宽

（1）定义第1行行高为12mm。

（2）定义第2行至第5行行高为10mm。

（3）定义各列列宽为30mm。

3．区域画线

选择区域A3:E5，设置其画线类型为“网线”、样式为“—”。

4．组合单元

将单元A1:E1组合成一个单元。

5．定义关键字

（1）在C2单元中定义关键字“年”。

（2）在D2单元中定义关键字“月”。

6．录入表样文字

（1）在A1单元中录入“管理费用分析表”。

（2）在表体中按样表输入表内文字。

7．设置单元属性

将“管理费用分析表”设置字体为“宋体”、字型为“粗下划线”、字号为 20、水平方向和垂直方向为居中排列。

8．定义单元公式

（1）设置 B5 单元公式

利用用友账务函数取采购部办公费本期发生额。

（2）设置 E5 单元公式

输入公式“=B5+C5+D5”。

9．保存报表

将“管理费用分析表”以“X7_15”命名并保存到“考生文件夹\X7_15”文件夹中。

7.16　第 16 题

【操作要求】

在考生文件夹下新建一个文件夹，命名为 X7_16。

以系统管理员身份登录系统管理，引入 C:\2016U8soft\Unit7 文件夹下的账套文件 Y7_16。

以 1161 操作员的身份（密码为 161）登录 116 账套，登录日期为“2017-09-30”，完成“管理费用明细表”的定义，对其中标注“*”的单元进行公式设计及数据生成。

管理费用明细表

2017 年 9 月

	差旅费	折旧费	办公费	合计
总经办	*			
采购部				
合计	*			

1．启动 UFO 并定义表尺寸

（1）启动 UFO 报表系统。

（2）定义表尺寸为 6 行 5 列。

2．确定行高列宽

（1）定义第 1 行行高为 15mm。

（2）定义第 2 行至第 6 行行高为 10mm。

（3）定义各列列宽为 25mm。

3．区域画线

选择区域 A3:E6，设置其画线类型为“网线”、样式为“—”。

4．组合单元

将单元 A1:E1 组合成一个单元。

5．定义关键字

（1）在 C2 单元中定义关键字“年”。

（2）在 D2 单元中定义关键字“月”。

6．录入表样文字

（1）在 A1 单元中录入“管理费用明细表”。

（2）在表体中按样表输入表内文字。

7．设置单元属性

将“管理费用明细表”设置字体为“宋体”、字型为“粗下划线”、字号为 20、水平方向和垂直方向为居中排列。

8．定义单元公式

（1）设置 B4 单元公式

利用用友账务函数取总经办差旅费本期发生额。

（2）设置 B6 单元公式

利用统计函数 PTOTAL 计算总经办和采购部差旅费本期费用合计。

9．保存报表

将“管理费用明细表”以“X7_16”命名并保存到“考生文件夹\X7_16”文件夹中。

7.17　第 17 题

【操作要求】

在考生文件夹下新建一个文件夹，命名为 X7_17。

以系统管理员身份登录系统管理，引入 C:\2016U8soft\Unit7 文件夹下的账套文件 Y7_17。

以 1171 操作员的身份（密码为 171）登录 117 账套，登录日期为“2017-10-31”，完成“应收账款余额表”的定义，对其中标注“*”的单元进行公式设计及数据生成。

应收账款余额表

2017 年 10 月

	期初余额	本期应收	本期收回	期末结存
科信		*		
莱宁				
合计		*		

1．启动 UFO 并定义表尺寸

（1）启动 UFO 报表系统。

（2）定义表尺寸为 6 行 5 列。

2．确定行高列宽

（1）定义第 1 行行高为 16mm。

（2）定义第 2 行至第 6 行行高为 10mm。

（3）定义各列列宽为 28mm。

3．区域画线

选择区域 A3:E6，设置其画线类型为“网线”、样式为“—”。

4．组合单元

将单元 A1:E1 组合成一个单元。

5．定义关键字

（1）在 C2 单元中定义关键字“年”。

（2）在 D2 单元中定义关键字“月”。

6．录入表样文字

（1）在 A1 单元中录入“应收账款余额表”。

（2）在表体中按样表输入表内文字。

7．设置单元属性

将“应收账款余额表”设置字体为“宋体”、字型为“粗下划线”、字号为 20、水平方向和垂直方向为居中排列。

8．定义单元公式

（1）设置 C4 单元公式

利用用友账务函数取科信公司应收账款本期发生额。

（2）设置 C6 单元公式

利用统计函数 PTOTAL 计算科信公司和莱宁公司应收账款本期费用合计。

9．保存报表

将“应收账款余额表”以“X7_17”命名并保存到“考生文件夹\X7_17”文件夹中。

7.18　第 18 题

【操作要求】

在考生文件夹下新建一个文件夹，命名为 X7_18。

以系统管理员身份登录系统管理，引入 C:\2016U8soft\Unit7 文件夹下的账套文件 Y7_18。

以 1181 操作员的身份（密码为 181）登录 118 账套，登录日期为“2017-11-30”，完成“管理费用明细表”的定义，对其中标注“*”的单元进行公式设计及数据生成。

管理费用明细表

2017 年 11 月

	差旅费	折旧费	办公费	合计
总经办		*		
采购部				
合计		*		

1．启动 UFO 并定义表尺寸

（1）启动 UFO 报表系统。

（2）定义表尺寸为 6 行 5 列。

2．确定行高列宽

（1）定义第 1 行行高为 15mm。

（2）定义第 2 行至第 6 行行高为 10mm。

（3）定义各列列宽为 25mm。

3．区域画线

选择区域 A3:E6，设置其画线类型为“网线”、样式为“—”。

4．组合单元

将单元 A1:E1 组合成一个单元。

5．定义关键字

（1）在 C2 单元中定义关键字“年”。

（2）在 D2 单元中定义关键字“月”。

6．录入表样文字

（1）在 A1 单元中录入“管理费用明细表”。

（2）在表体中按样表输入表内文字。

7．设置单元属性

将“管理费用明细表”设置字体为“宋体”、字型为“粗下划线”、字号为 20、水平方向和垂直方向为居中排列。

8．定义单元公式

（1）设置 C4 单元公式

利用用友账务函数取总经办折旧费本期发生额。

（2）设置 C6 单元公式

利用统计函数 PTOTAL 计算总经办和采购部折旧费本期费用合计。

9．保存报表

将“管理费用明细表”以“X7_18”命名并保存到“考生文件夹\X7_18”文件夹中。

7.19　第 19 题

【操作要求】

在考生文件夹下新建一个文件夹，命名为 X7_19。

以系统管理员身份登录系统管理，引入 C:\2016U8soft\Unit7 文件夹下的账套文件 Y7_19。

以 1191 操作员的身份（密码为 191）登录 119 账套，登录日期为“2017-12-31”，完成“产品成本分析表”的定义，对其中标注“*”的单元进行公式设计及数据生成。

产品成本分析表

2017 年 12 月

	直接材料	直接人工	制造费用
10 平方线缆			
4 平方线缆		*	
合计		*	

1．启动 UFO 并定义表尺寸

（1）启动 UFO 报表系统。

（2）定义表尺寸为 6 行 4 列。

2．确定行高列宽

（1）定义第 1 行行高为 15mm。

（2）定义第 2 行至第 6 行行高为 10mm。

（3）定义各列列宽为 30mm。

3．区域画线

选择区域 A3:D6，设置其画线类型为“网线”、样式为“—”。

4．组合单元

将单元 A1:D1 组合成一个单元。

5．定义关键字

（1）在 C2 单元中定义关键字“年”。

（2）在 D2 单元中定义关键字“月”。

6．录入表样文字

（1）在 A1 单元中录入“产品成本分析表”。

（2）在表体中按样表输入表内文字。

7．设置单元属性

将“产品成本分析表”设置字体为“黑体”、字型为“粗下划线”、字号为 18、水平方向和垂直方向为居中排列。

8．定义单元公式

（1）设置 C5 单元公式

利用用友账务函数取 4 平方线缆直接人工本期发生额。

（2）设置 C6 单元公式

利用统计函数 PTOTAL 计算 10 平方线缆和 4 平方线缆直接人工费用合计。

9．保存报表

将“产品成本分析表”以“X7_19”命名并保存到“考生文件夹\X7_19”文件夹中。

7.20　第 20 题

【操作要求】

在考生文件夹下新建一个文件夹，命名为 X7_20。

以系统管理员身份登录系统管理，引入 C:\2016U8soft\Unit7 文件夹下的账套文件 Y7_20。

以 1201 操作员的身份（密码为 201）登录 120 账套，登录日期为“2017-01-31”，完成“应付账款余额表”的定义，对其中标注“*”的单元进行公式设计及数据生成。

应付账款余额表

2017 年 1 月

	期初余额	本期应付	本期支付	期末结存
珍宝		*		
奈克				
合计		*		

1．启动 UFO 并定义表尺寸

（1）启动 UFO 报表系统。

（2）定义表尺寸为 6 行 5 列。

2．确定行高列宽

（1）定义第 1 行行高为 16mm。

（2）定义第 2 行至第 6 行行高为 10mm。

（3）定义各列列宽为 28mm。

3．区域画线

选择区域 A3:E6，设置其画线类型为“网线”、样式为“—”。

4．组合单元

将单元 A1:E1 组合成一个单元。

5．定义关键字

（1）在 C2 单元中定义关键字“年”。

（2）在 D2 单元中定义关键字“月”。

6．录入表样文字

（1）在 A1 单元中录入“应付账款余额表”。

（2）在表体中按样表输入表内文字。

7．设置单元属性

将“应付账款余额表”设置字体为“宋体”、字型为“粗下划线”、字号为 20、水平方向和垂直方向为居中排列。

8．定义单元公式

（1）设置 C4 单元公式

利用用友账务函数取珍宝公司应付账款本期发生额。

（2）设置 C6 单元公式

利用统计函数 PTOTAL 计算珍宝公司和奈克集团本期应付账款合计。

9．保存报表

将“应付账款余额表”以“X7_20”命名并保存到“考生文件夹\X7_20”文件夹中。

第 8 单元　报表数据处理

8.1　第 1 题

【操作要求】

在考生文件夹下新建一个文件夹，命名为 X8_01。将 C:\2016U8soft\Unit8 文件夹下的报表文件 Y8_01 复制到考生文件夹中，并重命名为 X8_01。

以系统管理员身份登录系统管理，引入 C:\2016U8soft\Unit8 文件夹下的账套文件 Y8_01。

1．打开报表文件

以 1011 操作员的身份（密码为 011）登录 101 账套，登录日期为“2017-01-31”，打开考生文件夹下的报表文件 X8_01。

2．录入关键字，生成报表

（1）录入关键字

年：2017；月：1。

（2）生成如图 8-1 所示的报表

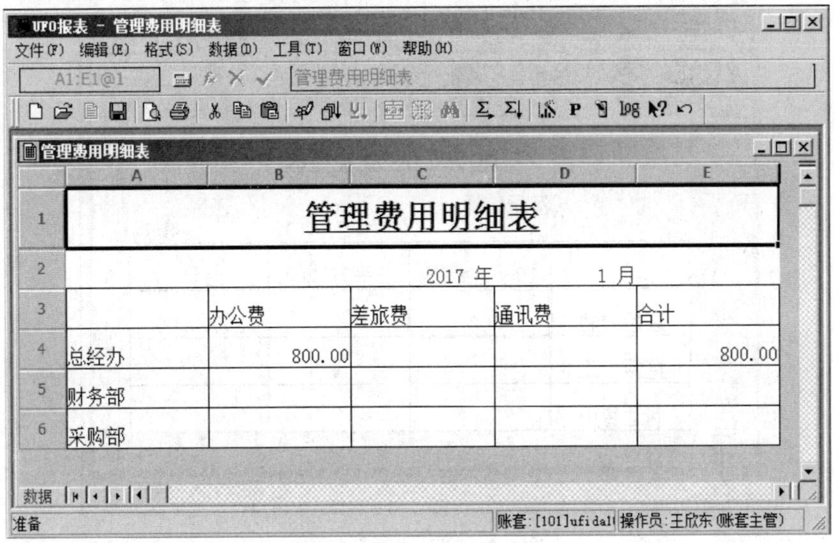

图 8-1　管理费用明细表

3．保存报表

将最终的报表文件 X8_01 保存到“考生文件夹\X8_01”文件夹中。

8.2 第 2 题

【操作要求】

在考生文件夹下新建一个文件夹，命名为 X8_02。将 C:\2016U8soft\Unit8 文件夹下的报表文件 Y8_02 复制到考生文件夹中，并重命名为 X8_02。

以系统管理员身份登录系统管理，引入 C:\2016U8soft\Unit8 文件夹下的账套文件 Y8_02。

1．打开报表文件

以 1021 操作员的身份（密码为 021）登录 102 账套，登录日期为“2017-08-31”，打开考生文件夹下的报表文件 X8_02。

2．录入关键字，生成报表

（1）录入关键字

年：2017；月：8。

（2）生成如图 8-2 所示的报表

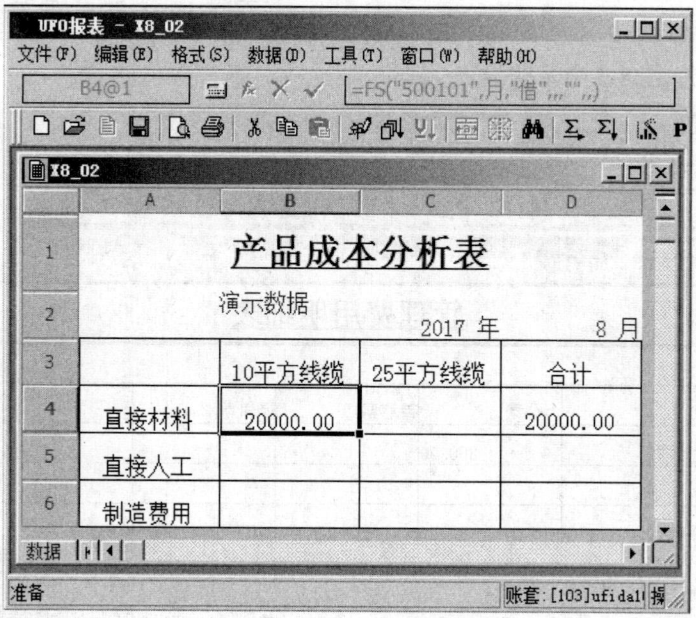

图 8-2 产品成本分析表

3．保存报表

将最终的报表文件 X8_02 保存到“考生文件夹\X8_02”文件夹中。

8.3　第 3 题

【操作要求】

在考生文件夹下新建一个文件夹，命名为 X8_03。将 C:\2016U8soft\Unit8 文件夹下的报表文件 Y8_03 复制到考生文件夹中，并重命名为 X8_03。

以系统管理员身份登录系统管理，引入 C:\2016U8soft\Unit8 文件夹下的账套文件 Y8_03。

1．打开报表文件

以 1031 操作员的身份（密码为 031）登录 103 账套，登录日期为“2017-01-31”，打开考生文件夹下的报表文件 X8_03。

2．录入关键字，生成报表

（1）录入关键字

年：2017；月：1。

（2）生成如图 8-3 所示的报表

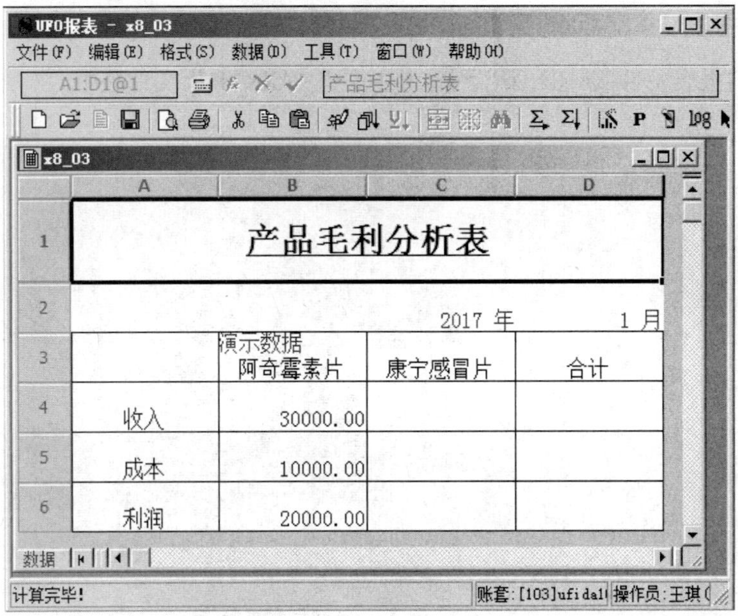

图 8-3　产品毛利分析表

3．保存报表

将最终的报表文件 X8_03 保存到“考生文件夹\X8_03”文件夹中。

8.4 第 4 题

【操作要求】

在考生文件夹下新建一个文件夹，命名为 X8_04。将 C:\2016U8soft\Unit8 文件夹下的报表文件 Y8_04 复制到考生文件夹中，并重命名为 X8_04。

以系统管理员身份登录系统管理，引入 C:\2016U8soft\Unit8 文件夹下的账套文件 Y8_04。

1．打开报表文件

以 1041 操作员的身份（密码为 041）登录 104 账套，登录日期为“2017-11-30”，打开考生文件夹下的报表文件 X8_04。

2．录入关键字，生成报表

（1）录入关键字

年：2017；月：11。

（2）生成报表

3．保存报表

将最终的报表文件 X8_04 保存到“考生文件夹\X8_04”文件夹中。

8.5　第 5 题

【操作要求】

在考生文件夹下新建一个文件夹，命名为 X8_05。将 C:\2016U8soft\Unit8 文件夹下的报表文件 Y8_05 复制到考生文件夹中，并重命名为 X8_05。

以系统管理员身份登录系统管理，引入 C:\2016U8soft\Unit8 文件夹下的账套文件 Y8_05。

1．打开报表文件

以 1051 操作员的身份（密码为 051）登录 105 账套，登录日期为“2017-05-31”，打开考生文件夹下的报表文件 X8_05。

2．录入关键字，生成报表

（1）录入关键字

年：2017；月：5。

（2）生成报表

3．保存报表

将最终的报表文件 X8_05 保存到“考生文件夹\X8_05”文件夹中。

8.6 第 6 题

【操作要求】

在考生文件夹下新建一个文件夹，命名为 X8_06。将 C:\2016U8soft\Unit8 文件夹下的报表文件 Y8_06 复制到考生文件夹中，并重命名为 X8_06。

以系统管理员身份登录系统管理，引入 C:\2016U8soft\Unit8 文件夹下的账套文件 Y8_06。

1．打开报表文件

以 1061 操作员的身份（密码为 061）登录 106 账套，登录日期为“2017-10-31”，打开考生文件夹下的报表文件 X8_06。

2．录入关键字，生成报表

（1）录入关键字

年：2017；月：10。

（2）生成报表

3．保存报表

将最终的报表文件 X8_06 保存到“考生文件夹\X8_06”文件夹中。

8.7 第 7 题

【操作要求】

在考生文件夹下新建一个文件夹，命名为 X8_07。将 C:\2016U8soft\Unit8 文件夹下的报表文件 Y8_07 复制到考生文件夹中，并重命名为 X8_07。

以系统管理员身份登录系统管理，引入 C:\2016U8soft\Unit8 文件夹下的账套文件 Y8_07。

1．打开报表文件

以 1071 操作员的身份（密码为 071）登录 107 账套，登录日期为“2017-08-31”，打开考生文件夹下的报表文件 X8_07。

2．录入关键字，生成报表

（1）录入关键字

年：2017；月：8。

（2）生成报表

3．保存报表

将最终的报表文件 X8_07 保存到“考生文件夹\X8_07”文件夹中。

8.8 第 8 题

【操作要求】

在考生文件夹下新建一个文件夹，命名为 X8_08。将 C:\2016U8soft\Unit8 文件夹下的报表文件 Y8_08 复制到考生文件夹中，并重命名为 X8_08。

以系统管理员身份登录系统管理，引入 C:\2016U8soft\Unit8 文件夹下的账套文件 Y8_08。

1．打开报表文件

以 1081 操作员的身份（密码为 081）登录 108 账套，登录日期为“2017-02-28”，打开考生文件夹下的报表文件 X8_08。

2．录入关键字，生成报表

（1）录入关键字

年：2017；月：2。

（2）生成报表

3．保存报表

将最终的报表文件 X8_08 保存到“考生文件夹\X8_08”文件夹中。

8.9　第 9 题

【操作要求】

在考生文件夹下新建一个文件夹，命名为 X8_09。将 C:\2016U8soft\Unit8 文件夹下的报表文件 Y8_09 复制到考生文件夹中，并重命名为 X8_09。

以系统管理员身份登录系统管理，引入 C:\2016U8soft\Unit8 文件夹下的账套文件 Y8_09。

1．打开报表文件

以 1091 操作员的身份（密码为 091）登录 109 账套，登录日期为“2017-07-31”，打开考生文件夹下的报表文件 X8_09。

2．录入关键字，生成报表

（1）录入关键字

年：2017；月：7。

（2）生成报表

3．保存报表

将最终的报表文件 X8_09 保存到“考生文件夹\X8_09”文件夹中。

8.10 第 10 题

【操作要求】

在考生文件夹下新建一个文件夹，命名为 X8_10。将 C:\2016U8soft\Unit8 文件夹下的报表文件 Y8_10 复制到考生文件夹中，并重命名为 X8_10。

以系统管理员身份登录系统管理，引入 C:\2016U8soft\Unit8 文件夹下的账套文件 Y8_10。

1．打开报表文件

以 1101 操作员的身份（密码为 101）登录 110 账套，登录日期为“2017-03-31”，打开考生文件夹下的报表文件 X8_10。

2．录入关键字，生成报表

（1）录入关键字

年：2017；月：3。

（2）生成报表

3．保存报表

将最终的报表文件 X8_10 保存到“考生文件夹\X8_10”文件夹中。

8.11　第 11 题

【操作要求】

在考生文件夹下新建一个文件夹，命名为 X8_11。将 C:\2016U8soft\Unit8 文件夹下的报表文件 Y8_11 复制到考生文件夹中，并重命名为 X8_11。

以系统管理员身份登录系统管理，引入 C:\2016U8soft\Unit8 文件夹下的账套文件 Y8_11。

1．打开报表文件

以 1111 操作员的身份（密码为 111）登录 111 账套，登录日期为“2017-04-30”，打开考生文件夹下的报表文件 X8_11。

2．录入关键字，生成报表

（1）录入关键字

年：2017；月：4。

（2）生成报表

3．保存报表

将最终的报表文件 X8_11 保存到“考生文件夹\X8_11”文件夹中。

8.12 第 12 题

【操作要求】

在考生文件夹下新建一个文件夹，命名为 X8_12。将 C:\2016U8soft\Unit8 文件夹下的报表文件 Y8_12 复制到考生文件夹中，并重命名为 X8_12。

以系统管理员身份登录系统管理，引入 C:\2016U8soft\Unit8 文件夹下的账套文件 Y8_12。

1．打开报表文件

以 1121 操作员的身份（密码为 121）登录 112 账套，登录日期为“2017-05-31”，打开考生文件夹下的报表文件 X8_12。

2．录入关键字，生成报表

（1）录入关键字

年：2017；月：5。

（2）生成报表

3．保存报表

将最终的报表文件 X8_12 保存到“考生文件夹\X8_12”文件夹中。

8.13　第 13 题

【操作要求】

在考生文件夹下新建一个文件夹，命名为 X8_13。将 C:\2016U8soft\Unit8 文件夹下的报表文件 Y8_13 复制到考生文件夹中，并重命名为 X8_13。

以系统管理员身份登录系统管理，引入 C:\2016U8soft\Unit8 文件夹下的账套文件 Y8_13。

1．打开报表文件

以 1131 操作员的身份（密码为 131）登录 113 账套，登录日期为“2017-06-30”，打开考生文件夹下的报表文件 X8_13。

2．录入关键字，生成报表

（1）录入关键字

年：2017；月：6。

（2）生成报表

3．保存报表

将最终的报表文件 X8_13 保存到“考生文件夹\X8_13”文件夹中。

8.14　第 14 题

【操作要求】

在考生文件夹下新建一个文件夹，命名为 X8_14。将 C:\2016U8soft\Unit8 文件夹下的报表文件 Y8_14 复制到考生文件夹中，并重命名为 X8_14。

以系统管理员身份登录系统管理，引入 C:\2016U8soft\Unit8 文件夹下的账套文件 Y8_14。

1．打开报表文件

以 1141 操作员的身份（密码为 141）登录 114 账套，登录日期为“2017-07-31”，打开考生文件夹下的报表文件 X8_14。

2．录入关键字，生成报表

（1）录入关键字

年：2017；月：7。

（2）生成报表

3．保存报表

将最终的报表文件 X8_14 保存到“考生文件夹\X8_14”文件夹中。

8.15　第 15 题

【操作要求】

在考生文件夹下新建一个文件夹，命名为 X8_15。将 C:\2016U8soft\Unit8 文件夹下的报表文件 Y8_15 复制到考生文件夹中，并重命名为 X8_15。

以系统管理员身份登录系统管理，引入 C:\2016U8soft\Unit8 文件夹下的账套文件 Y8_15。

1．打开报表文件

以 1151 操作员的身份（密码为 151）登录 115 账套，登录日期为“2017-08-31”，打开考生文件夹下的报表文件 X8_15。

2．录入关键字，生成报表

（1）录入关键字

年：2017；月：8。

（2）生成报表

3．保存报表

将最终的报表文件 X8_15 保存到“考生文件夹\X8_15”文件夹中。

8.16 第 16 题

【操作要求】

在考生文件夹下新建一个文件夹，命名为 X8_16。将 C:\2016U8soft\Unit8 文件夹下的报表文件 Y8_16 复制到考生文件夹中，并重命名为 X8_16。

以系统管理员身份登录系统管理，引入 C:\2016U8soft\Unit8 文件夹下的账套文件 Y8_16。

1．打开报表文件

以 1161 操作员的身份（密码为 161）登录 116 账套，登录日期为“2017-09-30”，打开考生文件夹下的报表文件 X8_16。

2．录入关键字，生成报表

（1）录入关键字

年：2017；月：9。

（2）生成报表

3．保存报表

将最终的报表文件 X8_16 保存到“考生文件夹\X8_16”文件夹中。

8.17　第 17 题

【操作要求】

在考生文件夹下新建一个文件夹，命名为 X8_17。将 C:\2016U8soft\Unit8 文件夹下的报表文件 Y8_17 复制到考生文件夹中，并重命名为 X8_17。

以系统管理员身份登录系统管理，引入 C:\2016U8soft\Unit8 文件夹下的账套文件 Y8_17。

1．打开报表文件

以 1171 操作员的身份（密码为 171）登录 117 账套，登录日期为“2017-10-31”，打开考生文件夹下的报表文件 X8_17。

2．录入关键字，生成报表

（1）录入关键字

年：2017；月：10。

（2）生成报表

3．保存报表

将最终的报表文件 X8_17 保存到“考生文件夹\X8_17”文件夹中。

8.18 第 18 题

【操作要求】

在考生文件夹下新建一个文件夹，命名为 X8_18。将 C:\2016U8soft\Unit8 文件夹下的报表文件 Y8_18 复制到考生文件夹中，并重命名为 X8_18。

以系统管理员身份登录系统管理，引入 C:\2016U8soft\Unit8 文件夹下的账套文件 Y8_18。

1．打开报表文件

以 1181 操作员的身份（密码为 181）登录 118 账套，登录日期为“2017-11-30”，打开考生文件夹下的报表文件 X8_18。

2．录入关键字，生成报表

（1）录入关键字

年：2017；月：11。

（2）生成报表

3．保存报表

将最终的报表文件 X8_18 保存到“考生文件夹\X8_18”文件夹中。

8.19　第 19 题

【操作要求】

在考生文件夹下新建一个文件夹，命名为 X8_19。将 C:\2016U8soft\Unit8 文件夹下的报表文件 Y8_19 复制到考生文件夹中，并重命名为 X8_19。

以系统管理员身份登录系统管理，引入 C:\2016U8soft\Unit8 文件夹下的账套文件 Y8_19。

1．打开报表文件

以 1191 操作员的身份（密码为 191）登录 119 账套，登录日期为“2017-12-31”，打开考生文件夹下的报表文件 X8_19。

2．录入关键字，生成报表

（1）录入关键字

年：2017；月：12。

（2）生成报表

3．保存报表

将最终的报表文件 X8_19 保存到“考生文件夹\X8_19”文件夹中。

8.20 第 20 题

【操作要求】

在考生文件夹下新建一个文件夹，命名为 X8_20。将 C:\2016U8soft\Unit8 文件夹下的报表文件 Y8_20 复制到考生文件夹中，并重命名为 X8_20。

以系统管理员身份登录系统管理，引入 C:\2016U8soft\Unit8 文件夹下的账套文件 Y8_20。

1．打开报表文件

以 1201 操作员的身份（密码为 201）登录 120 账套，登录日期为“2017-01-31”，打开考生文件夹下的报表文件 X8_20。

2．录入关键字，生成报表

（1）录入关键字

年：2017；月：1。

（2）生成报表

3．保存报表

将最终的报表文件 X8_20 保存到“考生文件夹\X8_20”文件夹中。